銭湯図解

塩谷歩波
Enya Honami

中央公論新社

はじめに

はじめまして！　小杉湯（東京・高円寺）の番頭兼イラストレーターの塩谷《えんや》歩波《ほなみ》と申します。このたびは書籍『銭湯図解』をお手にとってくださり、まことにありがとうございます。

本書は、二〇一六年十一月よりツイッターで投稿を続けていたイラストシリーズ「銭湯図解」の初の書籍化となります。銭湯図解は、「アイソメトリック」という、角度をつけて建物内部を俯瞰的に描く建築図法を用いて、銭湯の浴室や脱衣所内を描き起こしたイラストです。

銭湯図解を描き始めたのは、前職の設計事務所を体調不良で休職していたとき。心身ともに病んでいるなか、友人と医師にすすめられて銭湯に通い始め、その開放的な空間と銭湯での人々の出会いに気持ちがほぐれ、また、交互浴（コラム2参照）の効果もあり、銭湯に行くごとに心も体もどんどん調子が

よくなりました。やがて銭湯に行くのが日課になり、これが生き甲斐と思うほどのめり込んでいくうちに、まだ銭湯に行ったことがない友人にその魅力を伝えたいがため、銭湯図解を描き始めたのです。

それから二年。小杉湯に転職したり、雑誌で老舗銭湯を取材した連載を始めたり、メディアに出演したりと自分の周りの環境は驚くほど変わっていきましたが、銭湯図解にかける「銭湯の魅力を伝えたい」という思いはまったく変わっていません。

本書では、その思いを主軸に、銭湯初心者から銭湯玄人まであらゆる人が楽しめる二十四軒をピックアップし、その魅力を図解しました。私の普段使いの銭湯に加え、ずっと行ってみたかったところを取材して描いたものもあります。この本を通して、銭湯の新たな魅力に触れて、銭湯がさらに好きになり、そして誰かにおすすめしていただいて、銭湯に行く人が少しでも増え、銭湯という文化がスタンダードな社会になれば何より嬉しく思います。

それでは、お湯に浸かっているようなのんびりした気持ちで本書をお楽しみください。

銭湯図解 目次

第3章 銭湯を極める

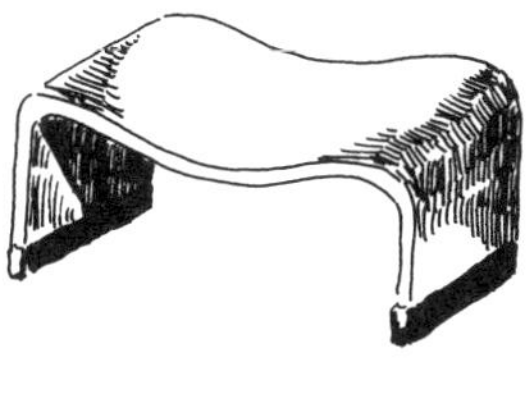

00

ホーム銭湯

東京・高円寺

小杉湯

男湯・女湯

ミルク風呂（41度）
甘い香りに癒されるミルク色の優しいお風呂。
マシュマロに包まれているような魅惑の湯心地。
ワセリン，ミツロウ，ミネラルオイル効果でじんわりあったまる。
水風呂（16〜19度）
掛け流しの水風呂は
自然回帰水を使用。
よく冷えていて交互浴
ファンに人気。
著者です。
勤務先の
小杉湯へようこそ。
交互浴が人気ですが，無料タオルや
アメニティも充実していてビギナーさん
にもオススメの銭湯です。
これも著者です。
脱衣所，フロント，
待合室の床は檜材！
ツルツルして，歩いていて
気持ちよい。
ギャラリー・待合室
誰でも立ち寄れるギャラリーは無料で
展示可能。自由に読める漫画もある
のでお風呂上がりにのんびり過ごせる。
漫画が並んでいる棚。
イラストつきのPOPで内容
を紹介している。
展示内容は月ごと
に変わる。予約は2年先
までいっぱいだ。
絵本コーナー。
お風呂上がり
のお子さんへの
読み聞かせに。
男湯
フロントでは，無料で
フェイスタオルを貸し出している。
40円でIKEUCHI ORGANICの
バスタオルもレンタルできる！
フロント前の水飲み場。
湯上がりの一杯にオススメ。
絞りの着物でつくった
鯉の布絵が渋い。
女性用
ランドリーへ。
小杉湯

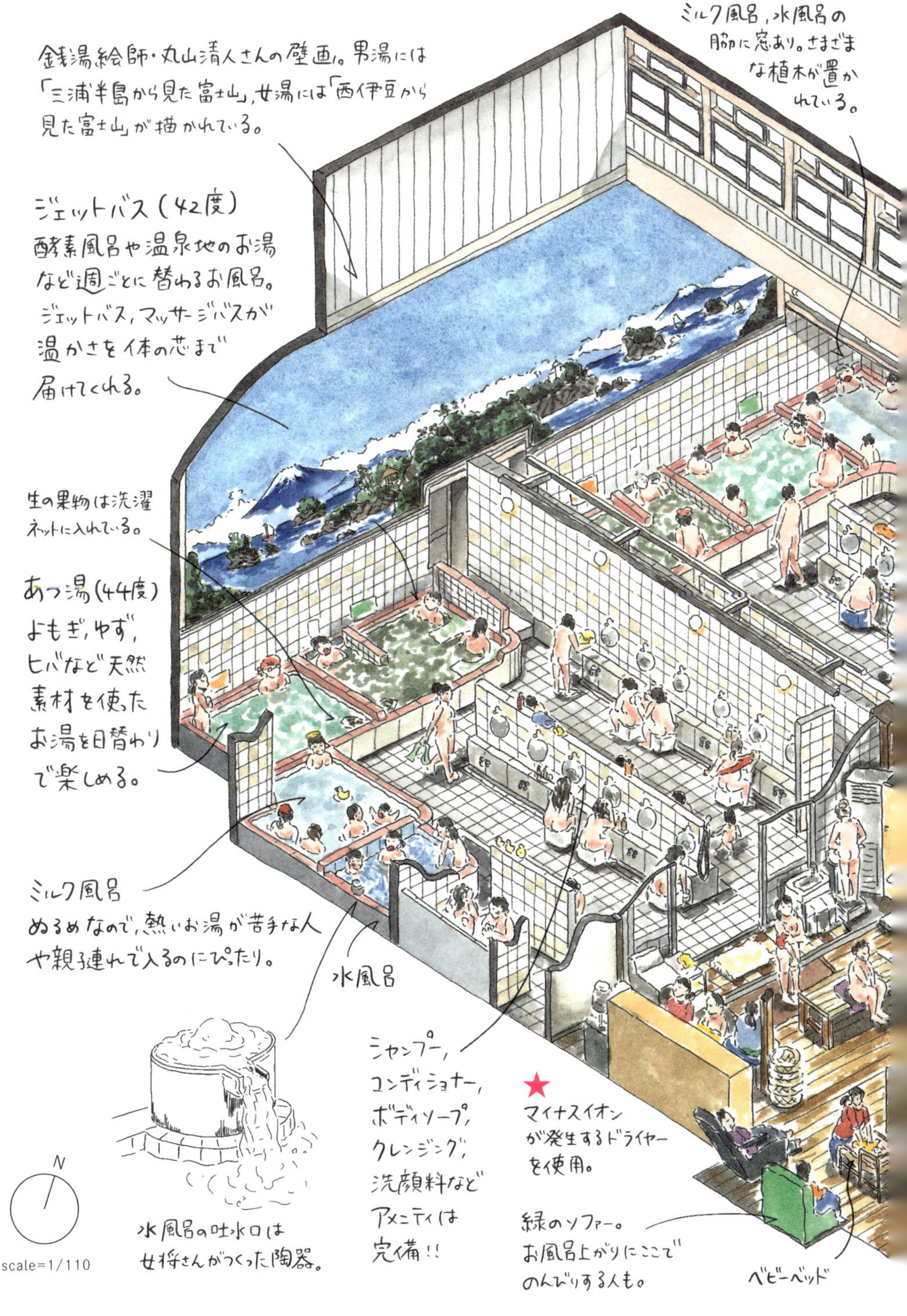
銭湯絵師・丸山清人さんの壁画。男湯には
「三浦半島から見た富士山」，女湯には「西伊豆から
見た富士山」が描かれている。
ミルク風呂，水風呂の
脇に窓あり。さまざま
な植木が置か
れている。
ジェットバス（42度）
酵素風呂や温泉地のお湯
など週ごとに替わるお風呂。
ジェットバス，マッサージバスが
温かさを体の芯まで
届けてくれる。
生の果物は洗濯
ネットに入れている。
あつ湯（44度）
よもぎ，ゆず，
ヒバなど天然
素材を使った
お湯を日替わり
で楽しめる。
ミルク風呂
ぬるめなので，熱いお湯が苦手な人
や親子連れで入るのにぴったり。
水風呂
シャンプー，
コンディショナー，
ボディソープ，
クレンジング，
洗顔料など
アメニティは
完備！！
★
マイナスイオン
が発生するドライヤー
を使用。
N
水風呂の吐水口は
女将さんがつくった陶器。
緑のソファー。
お風呂上がりにここで
のんびりする人も。
ベビーベッド
scale=1/110

ホーム銭湯

前ページの銭湯図解の舞台は、私の勤め先である小杉湯だ。小杉湯はJR高円寺駅北口から徒歩五分。赤いアーチが目印の純情商店街を北に歩いた先の、細い路地に面している。創業は一九三三年。二〇〇三年に浴室や待合室のリニューアルを行ったが、建物自体は創業から八十六年変わらない老舗銭湯だ。

小杉湯にはミルク風呂、ジェットバス、あつ湯の三つの浴槽がある。ジェットバスは週替わり、あつ湯は毎日お湯の種類が異なり、ミルク風呂は毎日実施。月に数度、ビール風呂やすだち風呂など生の素材をお風呂に入れ、フロント前でそのお湯にまつわる商品を販売している。また、定休日や営業時間前にダンスイベントやライブ、トークイベントも行うなどさまざまな取り組みを続けている。小杉湯は〝交互浴の聖地〟としても有名だ。あつ湯と水風呂の温度差が抜群で、交互浴をするのに最適とネットを中心に話題となり、それを目当てに来る人も少なくない。フェイスタオルを無料で提供しているほか、洗い場にはシャンプー、コンディショナー、クレンジングなどアメニティも完備しているので、手ぶらでも訪れやすい、ビギナーにおすすめしたい銭湯の一つだ。

銭湯のお値段

地域によって値段の変動あり。東京は以下の通り！

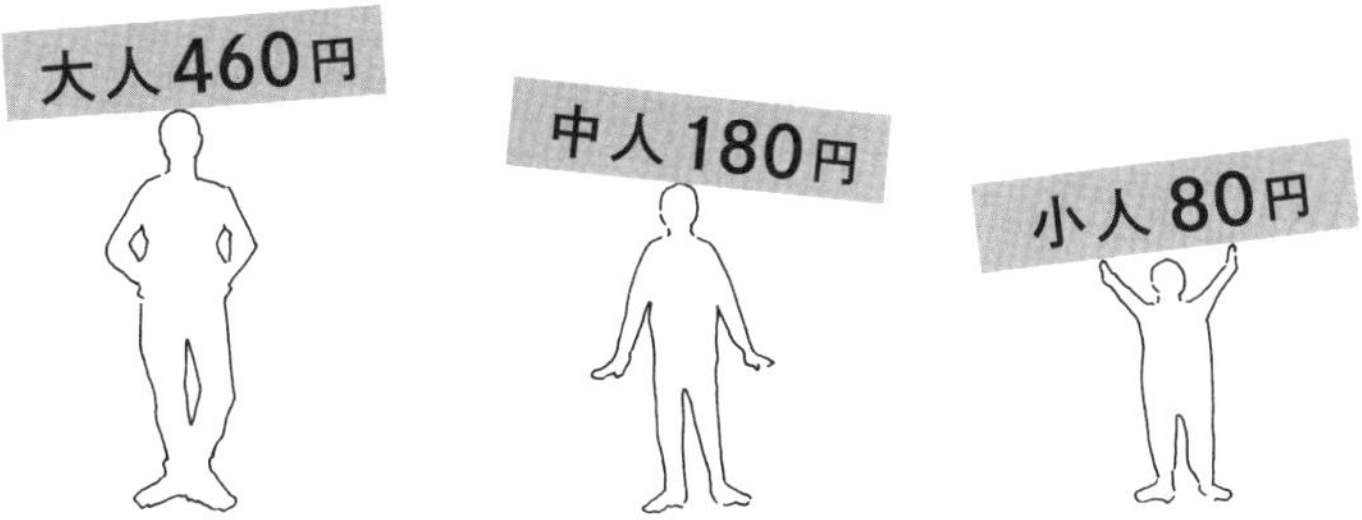
大人460円
中人180円
小人80円

12歳以上

6歳以上12歳未満（小学生）

6歳未満（未就学児）

シャンプーなど

トラベルパックでOK！
お気に入りがあれば
詰め替え容器が◎。

クレンジング、洗顔

使い切りパックを
たくさん持っていると
安心。

タオル

小さめのタオルが
1枚あると安心！
バッグに潜めておこう。

持ち物

防水ポーチやメッシュポーチに
入れていこう。

下着、靴下

お風呂上がりは新しい
下着と靴下でさっぱり。

化粧水、乳液

無印良品の
携帯用ボトルが
オススメ！

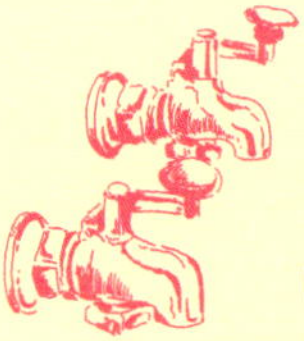

銭湯の入り方 図解

「銭湯の入り方がわからなくて怖い」。銭湯未経験の方からこんな声をよく聞きます。そこで初めての人も気軽に銭湯に入れるように、現役番頭の塩谷がいつも行っている“銭湯の入り方”を図解にしました！　図解を参考にして、最高の銭湯体験をお楽しみいただけると嬉しいです！

1 タオルと洗面用具を持って浴室へ

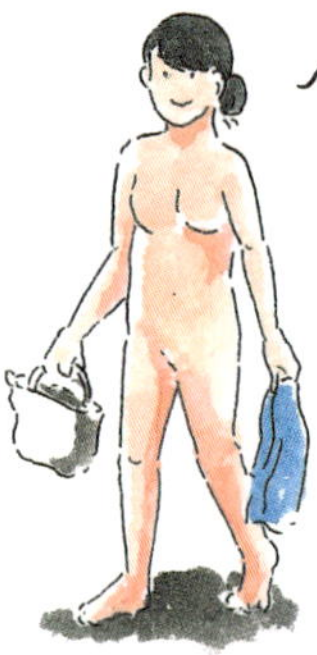
〜♪

2 桶と椅子を持って空いている席に座る

タオルは固定シャワーの上がぴったりはまっておすすめ！
銭湯によっては、最初から桶と椅子が置いてあることも。

3 お風呂の前に体を洗おう

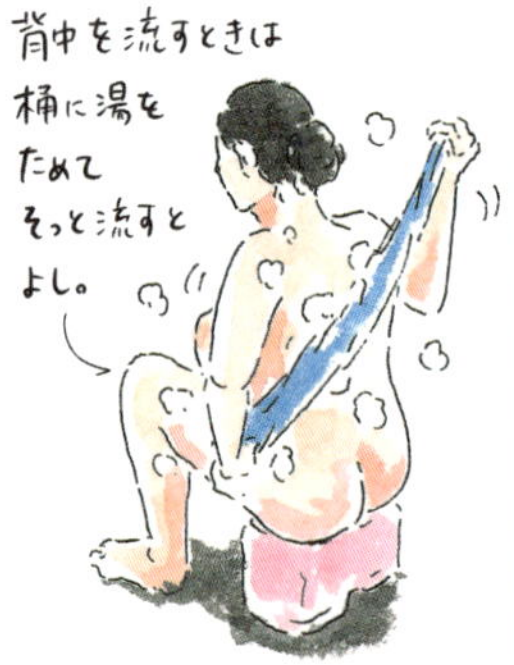
背中を流すときは桶に湯をためてそっと流すとよし。

4 お湯が周りの人にかからないように注意

5 使い終わった桶と椅子は元の場所へ

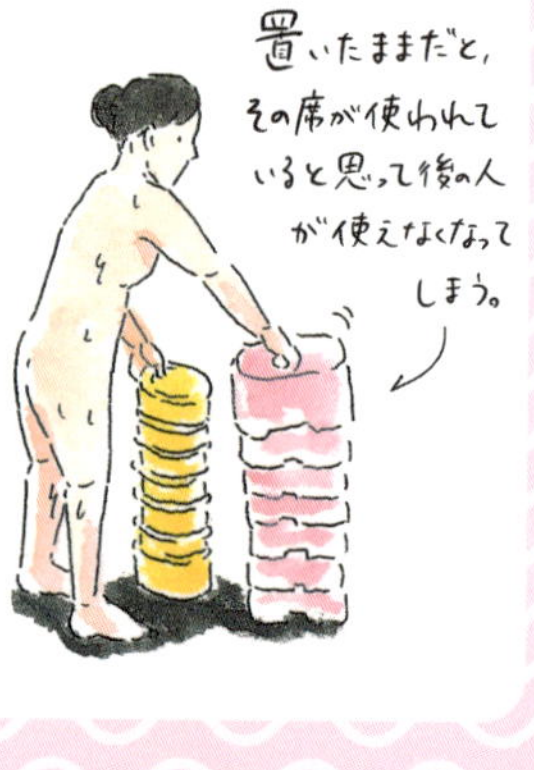
置いたままだと、その席が使われていると思って後の人が使えなくなってしまう。

6 使い終わった洗面用具とタオルは棚か洗い場の上へ

棚は入り口や洗面台のわきに置いてある。

7 足にお湯をかけて湯船へ

お風呂の温度に体を慣らすため。
足についた髪も流す。

8 後から入る人のために縁周りは空けておく

お風呂に入れないし、お風呂から出られなくなってしまう。

9 楽しくても騒ぎすぎないように！

※おしゃべり自体は、もちろん大歓迎!!
ゆっくりしたい人もいるので大声は×。

10 サウナではタオルを敷いて座ろう

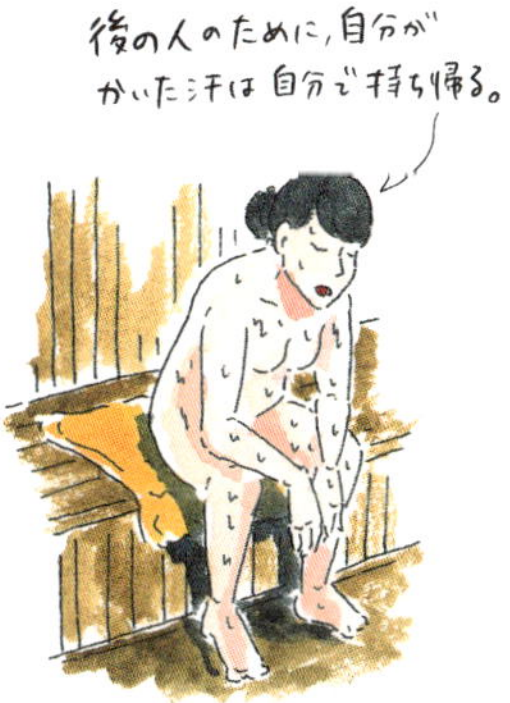
後の人のために、自分がかいた汗は自分で持ち帰る。

11 サウナ後は汗を流してから水風呂へ

汗をかいたまま水風呂は× !!

12 浴室の入り口を軽く掃除する

13 体の水分をよ〜く拭ってから脱衣所へ

靴下をはいた後に濡れた床を歩くと悲しい気持ちになるので…。

14 髪を乾かした後はその周りを掃除

後の人のために タオルか ティッシュで 簡単にお掃除。

「銭湯図解」の見方

■「銭湯図解」は銭湯の建物内部を「アイソメトリック」(※) という建築図法で俯瞰的に描き起こしたものです。実際に建物内部を測量し、浴槽の広さ、高さや洗い場の角度に至るまで、図解に記載の縮尺で図面化しています。

(※) アイソメトリック……立体を斜めから見た図を表示する方法のひとつで、等角投影図のこと。本来は、三方の軸がそれぞれ等しい角度 (120度間隔) で見えるように立体を投影するものですが、「銭湯図解」ではそれぞれの銭湯によって角度を変えています。

■お風呂やサウナの種類に注目するもよし、銭湯建築や内部の意匠を楽しむもよし、思い思いの姿で過ごす人物たちを眺めるもよし。どのページからでも、お好きなようにお楽しみください！

■「04 萩の湯」「06 大黒湯 (押上)」「11 湯どんぶり栄湯」「12 吉の湯」図解は2017年7月～2018年2月に描いたものです。その他の銭湯については2018年7～11月の取材に基づき、図解、エッセイ、コラムなどを書き下ろしています。

■本書掲載の情報、イラストは取材時のものです。その後、ペンキ絵が塗り替えられたり、設備などが変わっている場合もあります。最新の情報は各銭湯にご確認ください。

第１章
銭湯を知る

初心者コース

銭湯初体験は、まずはここから。
初めてでも安心で、銭湯に目覚めること
まちがいなしの銭湯７選。

★座風呂のジェット。こちらは深めの浴槽。
ペンキ絵の縁周りは爽やかな水色。「銭湯」と言われるとこの水色のイメージがある。
白湯《しらゆ》（約42度）
少し浅めで広々としたお風呂。こちらには寝風呂のジェットが。
積み上げられた石からお湯が溢れ出ているこの装置はお湯を濾過しているそうだ。
寝風呂
露天風呂（約42度）
石づくりの浴槽。お湯の中に座って低い視点から庭を眺めると、ずんぐりした灯籠がスマートに、壁際の木が空に昇っていくように見える。座った視点から見ることで、この庭が完成されるような美しさがあった。
石の上からお湯が流れ落ちてくる。
水風呂（16〜19度）
サウナ後の体をじんわり冷やすマイルドな温度。
灯籠
サウナ（女湯87度／男湯90度以上）
湿度もあり適度な温度で汗もバッチリ出る。
実は女湯の方がサウナは広め。

01

銭湯の原風景

東京・北千住

大黒湯

男湯

唐破風屋根の銭湯建築、立派なペンキ絵、広い浴室、日本庭園を思わせる渋い露天風呂。「キングオブ銭湯」で銭湯の原風景を味わう。

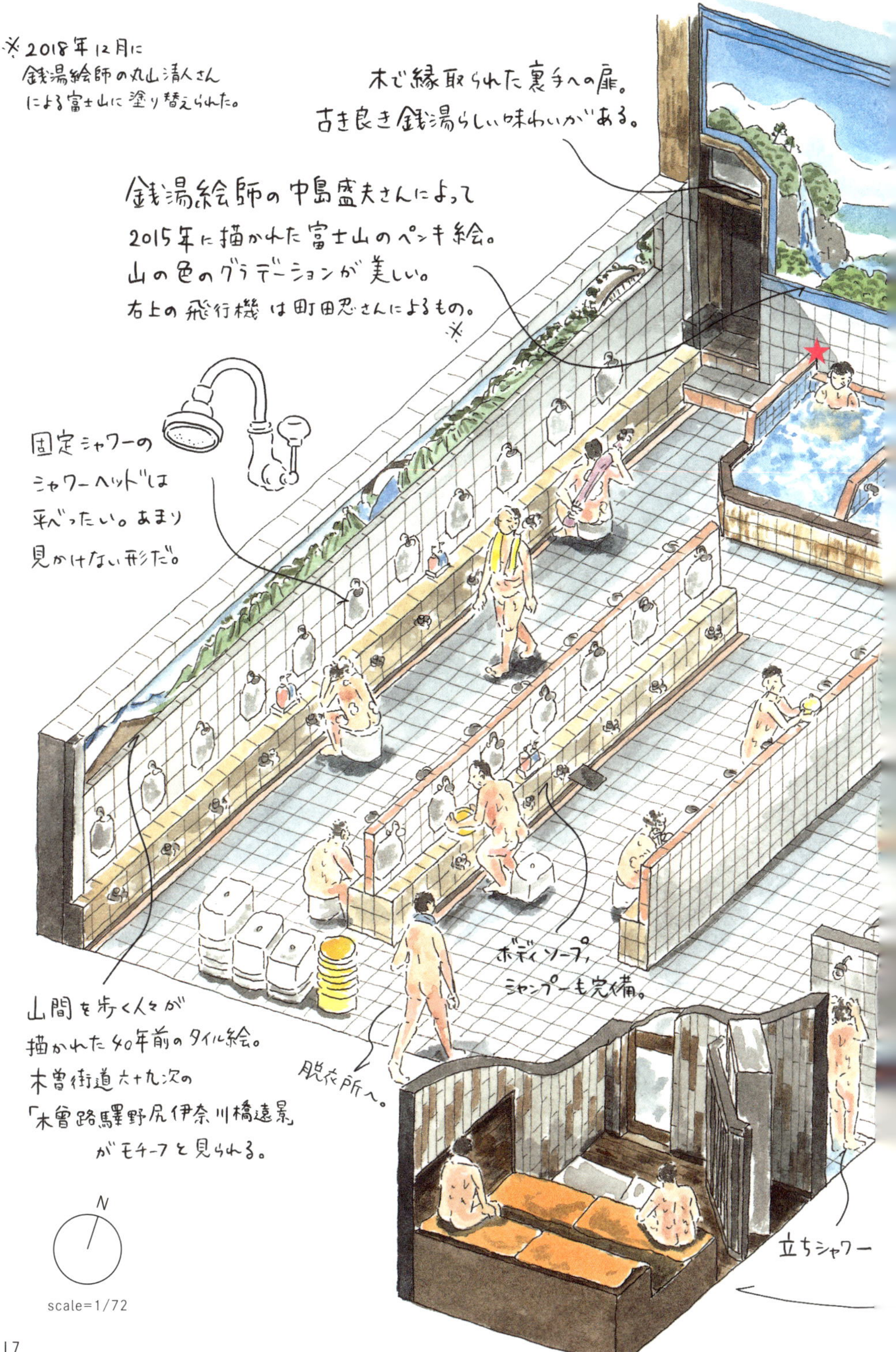
※2018年12月に
銭湯絵師の丸山清人さん
による富士山に塗り替えられた。
木で縁取られた裏手への扉。
古き良き銭湯らしい味わいがある。
銭湯絵師の中島盛夫さんによって
2015年に描かれた富士山のペンキ絵。
山の色のグラデーションが美しい。
右上の飛行機は町田忍さんによるもの。
※
固定シャワーの
シャワーヘッドは
平べったい。あまり
見かけない形だ。
ボディソープ、
シャンプーも完備。
山間を歩く人々が
描かれた40年前のタイル絵。
木曽街道六十九次の
「木曽路驛野尻伊奈川橋遠景」
がモチーフと見られる。
脱衣所へ。
立ちシャワー
N
scale=1/72

銭湯の原風景

足立区北千住。下町風情が漂う活気ある町並みも魅力的だが、レトロな雰囲気の銭湯を随所で見かけることができるため銭湯好きにとっては〝聖地〟と言える場所だ。そんな北千住に「キングオブ銭湯」と呼ばれる大黒湯がある。コロッケ屋や八百屋、おでん屋など庶民的な店が並ぶ商店街を歩いていくと、厳《いか》めしい外観の建物が現れる。ゆるくカーブした唐破風《からはふ》屋根の後ろに二つの三角状の屋根が連なる。この「宮造り」と呼ばれる寺社仏閣のような銭湯建築を都内で見かけることは少なくないが、ここまで立派な建物は珍しい。

大黒湯の創業は一九二九年。元は「現代湯」という名前だったが、現在経営を担っている清水さんのご主人のお父さんが五五年に買い取り、「大黒湯」に改めた。何度か改装を行い二十二年前に現在の形になったが、建物自体は創業時から変わらないそうだ。「大黒湯」と書かれた群青色の暖簾《のれん》をくぐり、中に入るとすぐに待合室がある。フロント形式の番台の奥には小上がりの座敷と池が見える。女湯の脱衣所へ入ると、まずその広さに驚いた。街なかで見かける銭湯の二、三倍はあり、天井も高い。格子状の木の天井には、色褪せているが、花鳥風月が描かれている。中央に置かれたベンチでお

ばあちゃんたちが裸のまま世間話に興じており、何気ない風景からも銭湯らしい風情が感じられる。

浴室に入ってすぐに目に飛び込んでくるのは野尻湖が描かれたペンキ絵だ（男湯は富士山）。広々とした浴室の手前側にはシンプルな形のカランが並び、奥には深めの浴槽と浅めの浴槽、その手前が水風呂だ。「銭湯」と言われて思い浮かべるスタンダードな構成ではあるが、その様はキングと言うべき風格に溢れている。

一番広くて浅めの浴槽に入ると、適度な温度が心地よく、ほう、と声が出る。肩の力がどんどん抜けていくのを感じながら、ぼんやりした頭で浴室の様子を眺めた。高い天窓から差し込む穏やかな光。淡い色合いの浴槽や洗い場のタイル。隣り合う人とおしゃべりしながら体を洗うおばあちゃん。湯気越しにぼんやり眺めた浴室の一瞬が映画のワンシーンのように美しく、銭湯はいいなぁと改めて噛み締めた。お風呂の後は、待合室に戻り牛乳を飲んで湯上がりの火照《ほて》りを冷ます。池に面した窓から、涼しい風と庭に植えられた金木犀《きんもくせい》の香りが入ってきて、秋の訪れが感じられる。こんなお風呂上がりのひとときも、銭湯ならではの味わいだ。あともう少しこの雰囲気に浸りたいと惜しみつつ、牛乳の最後の一口を飲み干した。

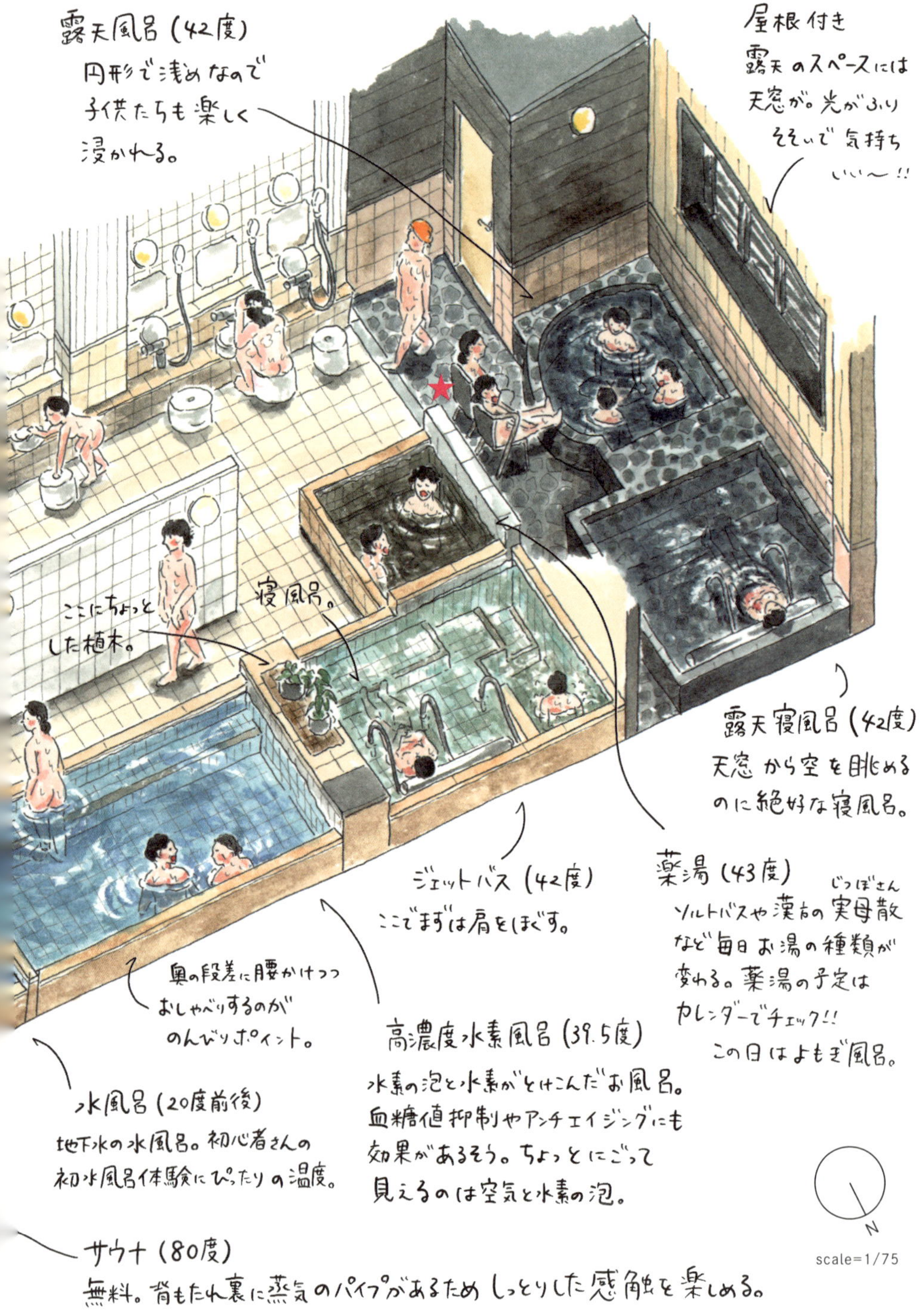
露天風呂(42度)
円形で浅めなので
子供たちも楽しく
浸かれる。
屋根付き
露天のスペースには
天窓が。光がふり
そそいで気持ち
いい〜!!
ここにちょっと
した植木。
寝風呂。
露天寝風呂(42度)
天窓から空を眺める
のに絶好な寝風呂。
ジェットバス(42度)
ここでまずは肩をほぐす。
薬湯(43度)
ソルトバスや漢方の実母散《じつぼさん》
など毎日お湯の種類が
変わる。薬湯の予定は
カレンダーでチェック!!
この日はよもぎ風呂。
奥の段差に腰かけつつ
おしゃべりするのが
のんびりポイント。
高濃度水素風呂(39.5度)
水素の泡と水素がとけこんだお風呂。
血糖値抑制やアンチエイジングにも
効果があるそう。ちょっとにごって
見えるのは空気と水素の泡。
水風呂(20度前後)
地下水の水風呂。初心者さんの
初水風呂体験にぴったりの温度。
N
scale=1/75
サウナ(80度)
無料。背もたれ裏に蒸気のパイプがあるため しっとりした感触を楽しめる。

02

女友達を連れて行く銭湯

東京・荒川

梅の湯

女湯

改装したての綺麗な店内に下町銭湯の雰囲気も味わえて、初めての銭湯体験にはうってつけ。風呂上がりは焼き鳥とビールで乾杯！

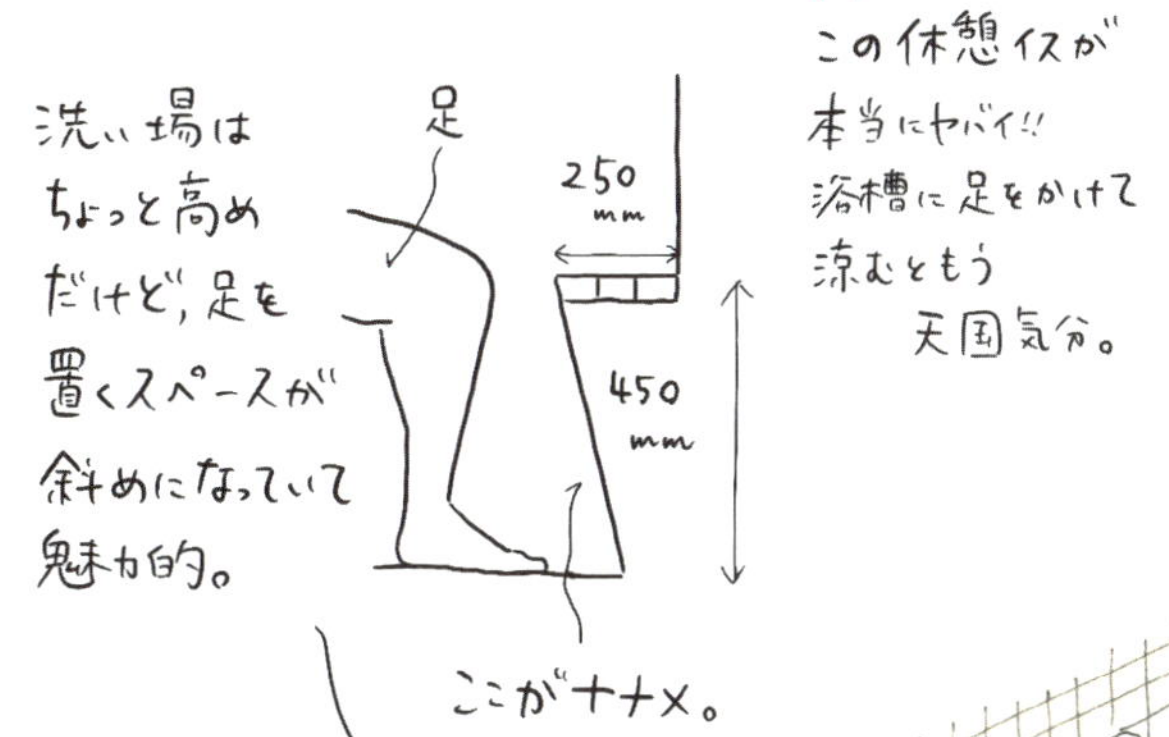

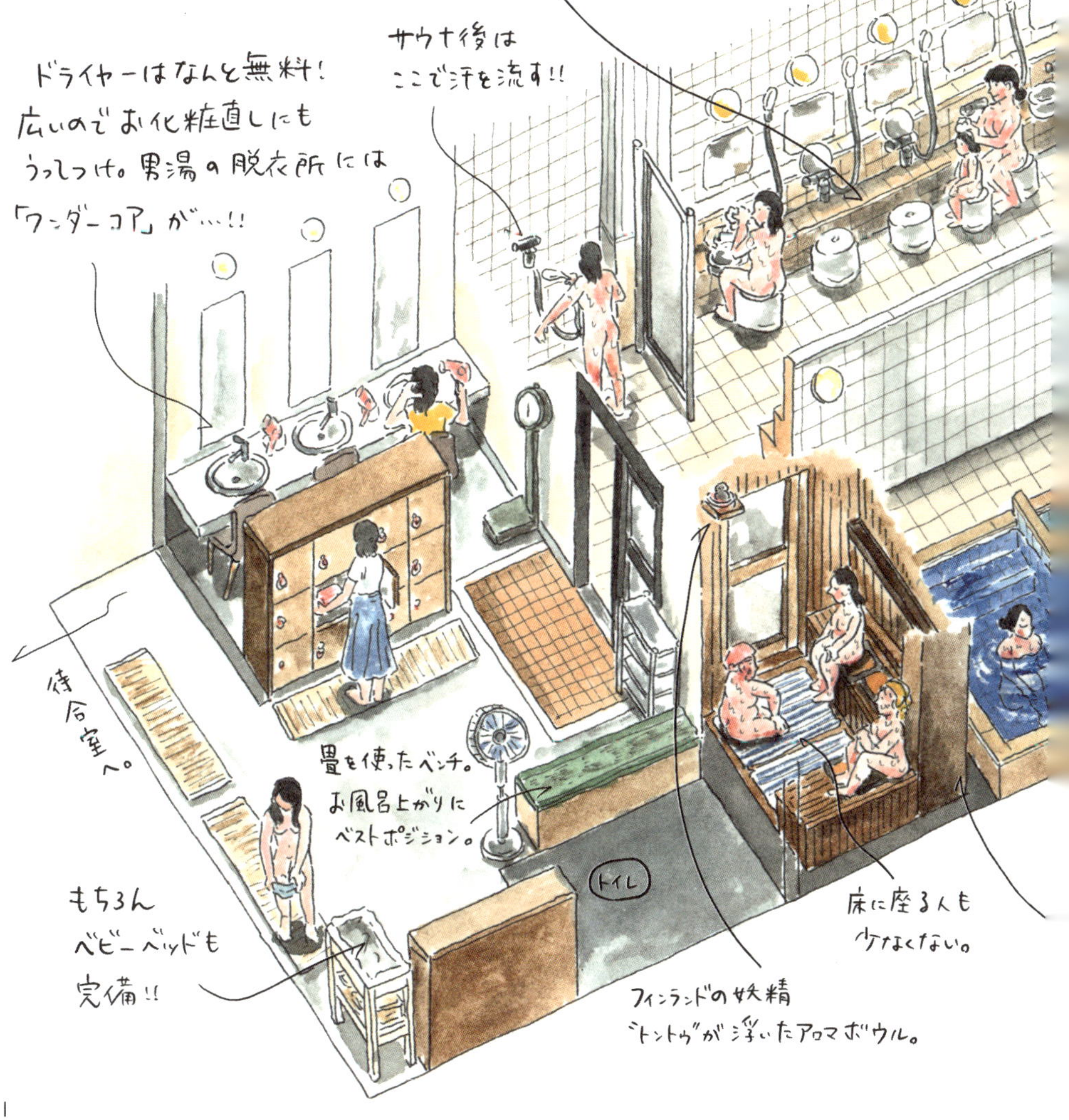

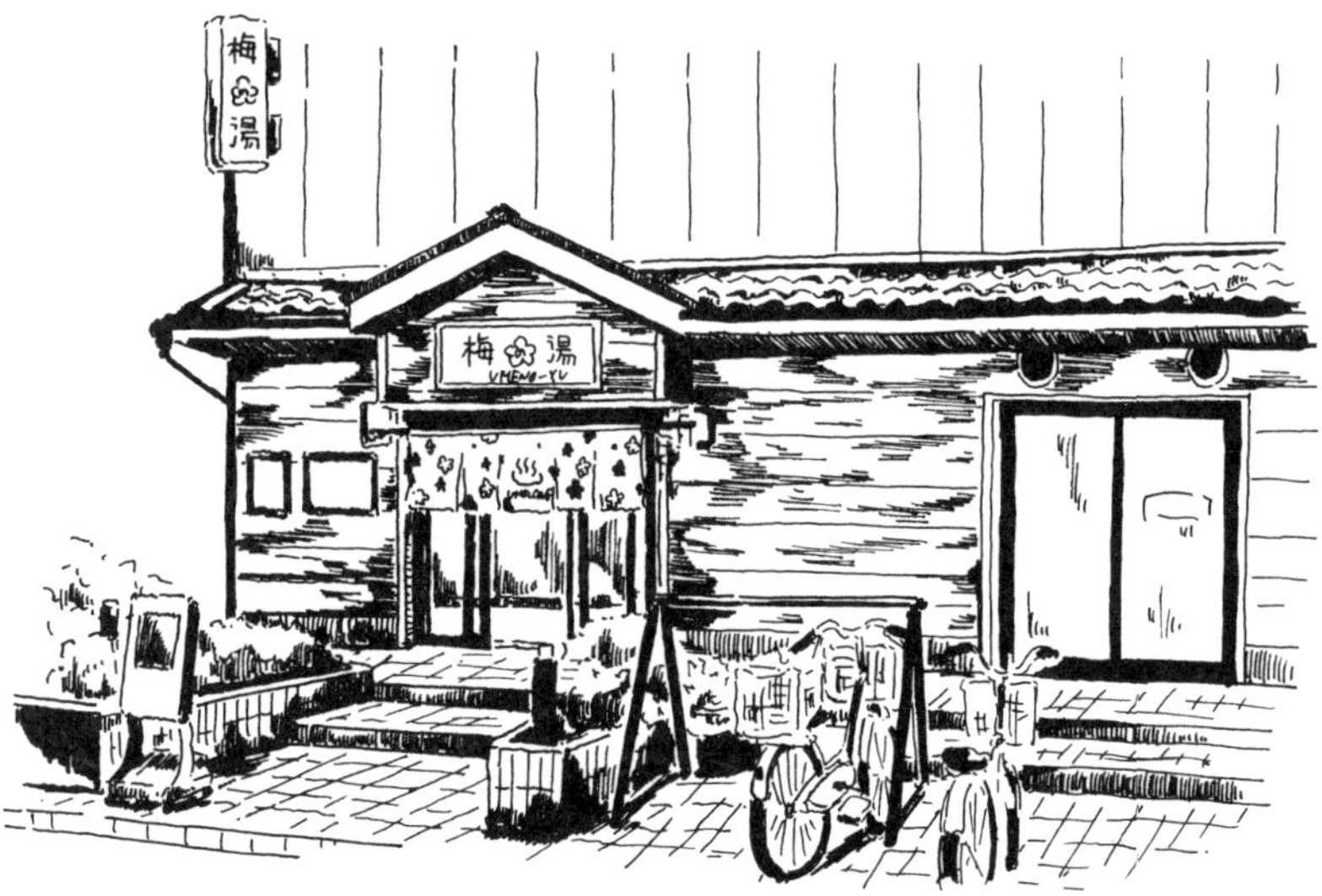

女友達を連れて行く銭湯

「銭湯に行ってみたいなぁ」。銭湯初心者の女友達がふと呟いたので、すぐにオススメしたのが荒川区の梅の湯だ。梅の湯は二〇一六年にリニューアルされたばかりで建物が新しく、その上アメニティが充実している。それでいて子供からお年寄りまで多世代のご近所さんが集まる、昔ながらの銭湯の雰囲気が漂っているため、初心者の女子が銭湯を味わうにはぴったりだ。

都電荒川線の小台《おだい》駅を降りて、下町の雰囲気がある商店街を歩いていくと、梅をモチーフにした可愛らしい暖簾が出迎えてくれる。暖簾をくぐり二階のロビーへ。番台にはミニシャンプーやタオル、化粧水などのお風呂に欠かせないアメニティだけでなく、ＴシャツやＣＤなどさまざまなオリジナルグッズが販売されている。タオルはレンタルも可能で、備え付けのシャンプーもあるので、手ぶらで来ても安心だ。出入り口の棚にはプラス百円で利用できるノンシリコンシャンプーとボディソープが並んでいる。どれを使おうかな？と悩みつつ選ぶのも楽しみの一つだ。

早速、浴室へ入ると、友人は「これが銭湯？」と驚いた様子。白いタイル張りの浴室は清潔感があり明るい印象。サウナや水素風呂、

薬湯、露天風呂と多様な種類のお風呂。そしてさまざまな年代の人がにこやかに過ごしている様子を見て、目をキラキラ輝かせていた。体と髪を洗い、露天の寝風呂で二人してごろっと寝転がる。この寝風呂から露天の天窓をぼんやり眺めていると、じわぁじわぁと蝉《せみ》の声が聞こえてくる。さっきまで汗をかいていた額を風が優しく撫でていき、心地よい。「東京にいるのに、なんだか夏休みで遠くに来たみたい」。家のお風呂では感じられない、ちょっとしたトリップ感を味わえるのも銭湯の醍醐味だ。

　水素風呂でのんびりおしゃべりを楽しんだり、薬湯の種類の豊富さに驚いたり、サウナで一緒に汗を流したりとたっぷりお風呂を満喫した後は、脱衣所で身支度を整えて、一階の焼き鳥屋さんへ。梅の湯若旦那のお母さんである女将さんが焼き鳥を焼いてくれるのを見守りつつ、まずは生ビールを一杯。お風呂上がりの一杯は、やっぱり格別だ。焼き鳥はジューシーで濃厚なタレが絶品で、お風呂後の小腹を満たすにはぴったり、いつもよりも話が弾んだ。帰り道、満足げな様子で友人は「次はどの銭湯がおすすめ？」と尋ねてきた。初めての銭湯体験はどうやら大成功だったようだ。湯上がりの心地よい風を楽しみつつ、次の銭湯を語りながら梅の湯を後にした。

03

まっすぐ真面目な銭湯

東京・日暮里

日暮里 斉藤湯 女湯

真摯な姿勢で、みんなが楽しめる銭湯を追求。0歳から99歳まで安心な、ぬるめの軟水風呂と、最高品質の生ビールを堪能あれ。

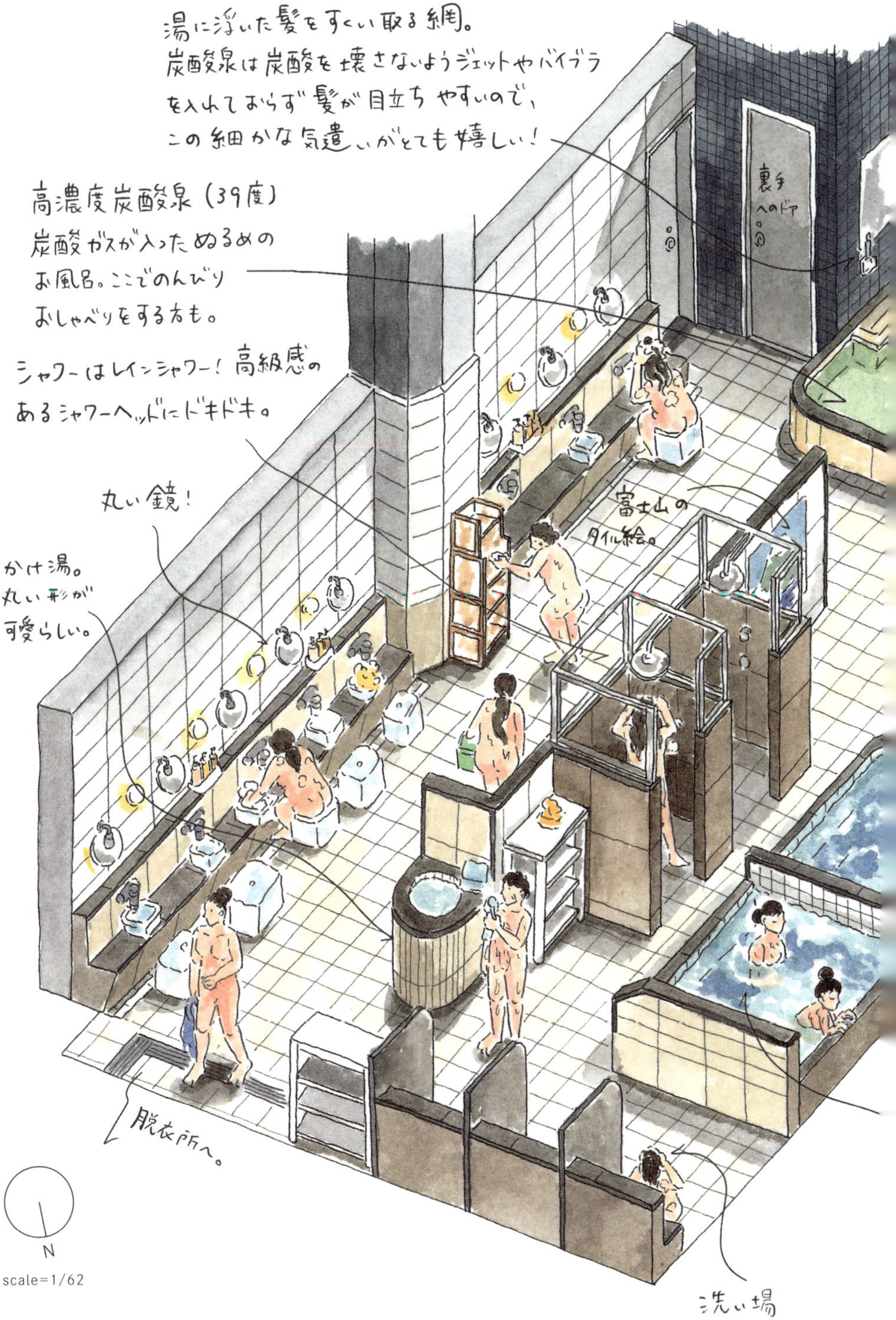
湯に浮いた髪をすくい取る網。
炭酸泉は炭酸を壊さないようジェットやバイブラを入れておらず髪が目立ちやすいので、この細かな気遣いがとても嬉しい!
裏手へのドア
高濃度炭酸泉(39度)
炭酸ガスが入ったぬるめのお風呂。ここでのんびりおしゃべりをする方も。
シャワーはレインシャワー!高級感のあるシャワーヘッドにドキドキ。
丸い鏡!
富士山のタイル絵。
かけ湯。丸い形が可愛らしい。
脱衣所へ。
N
scale=1/62
洗い場

まっすぐ真面目な銭湯

　ＪＲ日暮里駅前の車が行き交う喧騒を抜け、低層のビルが続く町並みを進むと、二重の切妻形の瓦屋根が入り口部分についたビルが現れる。新しくおしゃれな外観だが、波打った形の木の板に「齋藤湯」の文字が渋い看板と、瓦屋根や暖簾、さらにネオンの「ゆ」が銭湯ということを物語る。青い暖簾をかき分け、中に入ると、アメニティやパンフレット、そして大小サイズの異なるビールジョッキが置かれたバーカウンターが目に入った。

　出迎えてくれたのは三代目の齋藤勝輝さん。元々「大正湯」という名前だった銭湯を、一九四八年に先々代が買い取り、自らの苗字にちなんで「斉藤湯」と名付けたそうだ。以来、齋藤家で経営を続け、老朽化に伴って二〇一五年に建て替えを行った。その際、銭湯の原点である「湯で温まること」を家族で楽しんでほしいと思い、〇歳から九十九歳までみんなが満足できるよう全体的に浴槽のお湯をぬるめに設定し、さらに軟水を取り入れるなどお湯にこだわり抜いた。そんななか、ビールが飲めるカウンターを取り入れたのは、「大人の最高の楽しみは湯上がりのビール」だからだ。湯上がりに最高のビールを楽しんでもらうため細かな指導を受け、アサヒビー

ルからビールマイスターと公認された。ビールサーバーの掃除、管理、温度などに細かに気を使っているからこそ、一味違うビールができあがるのだそうだ。

インタビュー後は浴室へ。確かにお風呂はぬるめの温度設定で軟水の湯ざわりが心地よい。あつ湯の浴槽もあり、水風呂との相性が抜群で、交互浴を繰り返すとすっかり骨抜きになってしまった。和風の露天風呂で椅子に腰掛け足を伸ばすと極楽気分。シルキーバスは包まれているような感触があり、体も心もリラックスできる。

体の中に爽やかな水が流れているような湯上がりの気持ちよさを楽しんだら、バーカウンターへ。ビールサーバーで豪快に注がれたビールをいただく。キンキンに冷えたジョッキを持ち、一口。お風呂上がりの清々しい体の内側をパチパチした泡が通っていく。泡はもったりした感触だが、信じられないほど爽やかな飲み口！　たまらずグイグイ飲んでいき、気づいたら飲み干してしまった。こんなことならもっと大きいサイズにすればよかった……。お風呂屋さんとして真摯な姿勢で、湯船からビールに至るまで最高を追求し続ける斉藤湯。女性限定イベントのあるスペシャルレディースデーを設けるなど、その姿勢を現在進行形で貫き通している。まっすぐ真面目な銭湯だ。

露天風呂（38度）
光マイクロバブル湯という超微細な泡のお風呂。
広くて温度もちょうどよく、のんびり過ごせる。
こちらにも石づくりのベンチが。
外気浴に最適。
銭湯絵師
田中みずきさん
による富士山絵。
ポップな色合い
が可愛らしい。
露天へ。
寝風呂
炭酸泉
（37度）
広〜い炭酸泉。
ゆっくり過ごしてもらえる
ようにと、なんと「銭湯図解」
が飾られている!!
ありがとうございます…!!
洗い場もすべて手持ちシャワー。
低い背もたれつきの椅子もあり、
銭湯初心者の人も使いやすい。
こちらには立ちシャワー。
お風呂上がりにさっと体を
流したいときによい。
かけ湯
脱衣所へ。
N
scale=1/100

04

銭湯のテーマパーク

東京・鶯谷

ひだまりの泉 萩の湯 女湯

露天風呂から炭酸泉まで充実のお風呂。いろんな湯船に入りたい、湯上がりの楽しさも堪能したい。そんな贅沢な願望を叶えてくれる。

白湯（39度）
ジェットバス，寝風呂，電気風呂が集まった広い湯船！友達や家族など大勢でワイワイ話しながら浸かるのにぴったりな広さ。
この浴槽の壁に寿湯，薬師湯，萩の湯限定で見ることができる連載漫画などの掲示物が貼られている。
軟水風呂（44度）
女湯のみ。日替わりの薬湯を楽しめる。最初に入ったときの体がビクッとするほどの熱さが癖になる。
寝風呂
電気風呂
休憩用ベンチ。タイル張りのベンチはひんやりとしてサウナ後にぴったり。ここで背にもたれかかりながらのんびりするのがオススメ。
中央に座る方も。
ストーブ
かけ湯
サウナ（88度）
銭湯サウナとしては最大級！2017年に改装されたばかりなので新しい木の匂いがする。
塩サウナ（65度）
塩を塗りつつゆっくりマッサージしていくと，むくみに効果があり肌もツルツルに。
水風呂
（女湯19度／男湯17度）
ゆっくり足を伸ばせる広さ。バイブラの強さもちょうどよくて心地よく過ごせる。

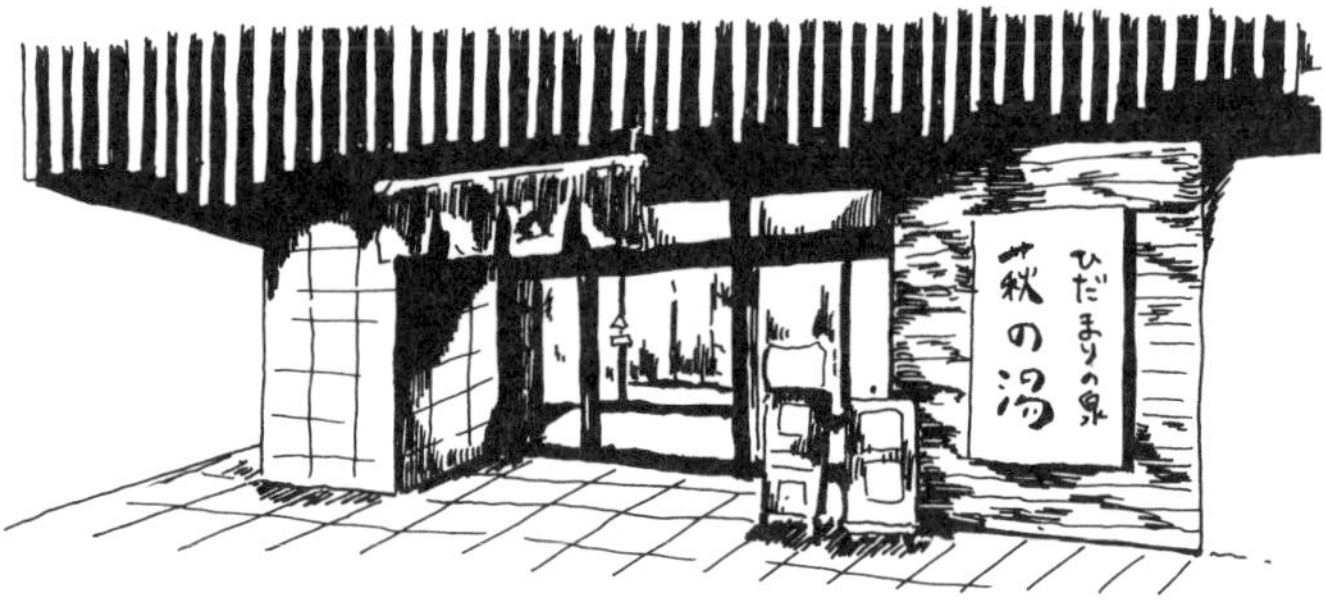

銭湯のテーマパーク

銭湯の中でお湯から食までたっぷり楽しんでしまうなら、萩の湯がオススメだ。JR鶯谷駅を降りて数分。レトロな純喫茶やスナックがちらほら見かけられる通り沿いに、十数階建てのマンションが建っている。このマンションの一階から四階が、二〇一七年にリニューアルオープンしたばかりの萩の湯だ。一階はエントランス、二階はフロントと食堂、三階が男湯、四階が女湯と都内銭湯最大級の広さを誇っている。

さらに、萩の湯には塩サウナ（女湯のみ）、サウナ、露天風呂、炭酸泉など多様な湯船があり、いろいろな楽しみ方ができる。私は大抵、体を洗った後は中央の大きな湯船で体を温め、塩サウナへ向かう。バケツに積まれた塩を両足にまぶし、足裏から足の付け根にかけて塩を揉み込みながらマッサージして、塩が溶けたら洗い落としてドライサウナへ。奥側の最上段に腰掛けると、塩サウナの効果もあり五分もすると額からの汗が止まらなくなる。たまらず、十九度前後でちょうど良い温度の水風呂へ。喉奥にひんやりした冷気を感じたところで水風呂の真向かいにあるタイル張りのベンチに腰掛ける。背にもたれかかりながら目をつぶり、体中の力を抜くと、自分の体がとろけてベンチに滲《にじ》んでいくような気持ちよさだ。

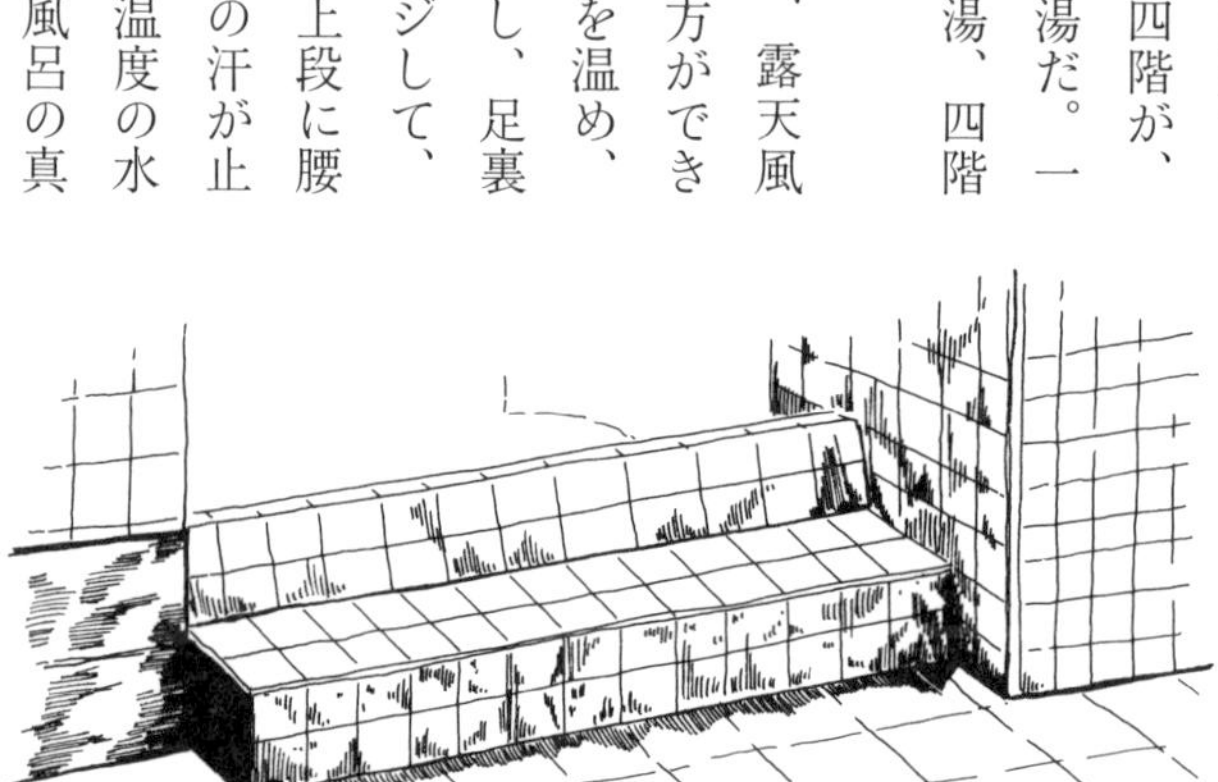

二回目のサウナ後は露天へ。露天は風通しがよく、ベンチで外気浴をすると頭までふやけるようだ。サウナ、水風呂、外気浴を三回繰り返した後は炭酸泉。塩サウナとサウナで毛穴をいじめた後なので、毛穴に泡がぱちぱち跳ねて爽快感がある。炭酸泉を囲む壁には、実は「銭湯図解」がずらっと飾られている。ご主人のご厚意で「炭酸泉でゆっくり過ごしてもらえるように」と飾ってくださったのだが、自分の描いた作品に囲まれるのはいつも少し気恥ずかしい。

仕上げは、二階の食堂だ。生ビールから日本酒までさまざまな種類のお酒があり、おつまみだけでなく麻婆豆腐丼のようながっつりした食事もできる。早速、生ビールを購入して一口。ビールの炭酸が喉元で跳ね、そのまま乾いた胃に到達した。美味しい!! ハムカツ、ポテト、もつ、ローストビーフのサラダなどをつまみ、友人と浴室でどんな楽しみ方をしたかなど話していくうちにどんどんお酒が進む。気づいたら二十三時となってしまい、名残惜しさを感じながら萩の湯を後にした。さまざまな湯船でたっぷりお風呂を楽しみ、その後はお酒を飲んで心身ともにリフレッシュ。贅沢に銭湯を堪能しきれるのは、萩の湯ならではだ。

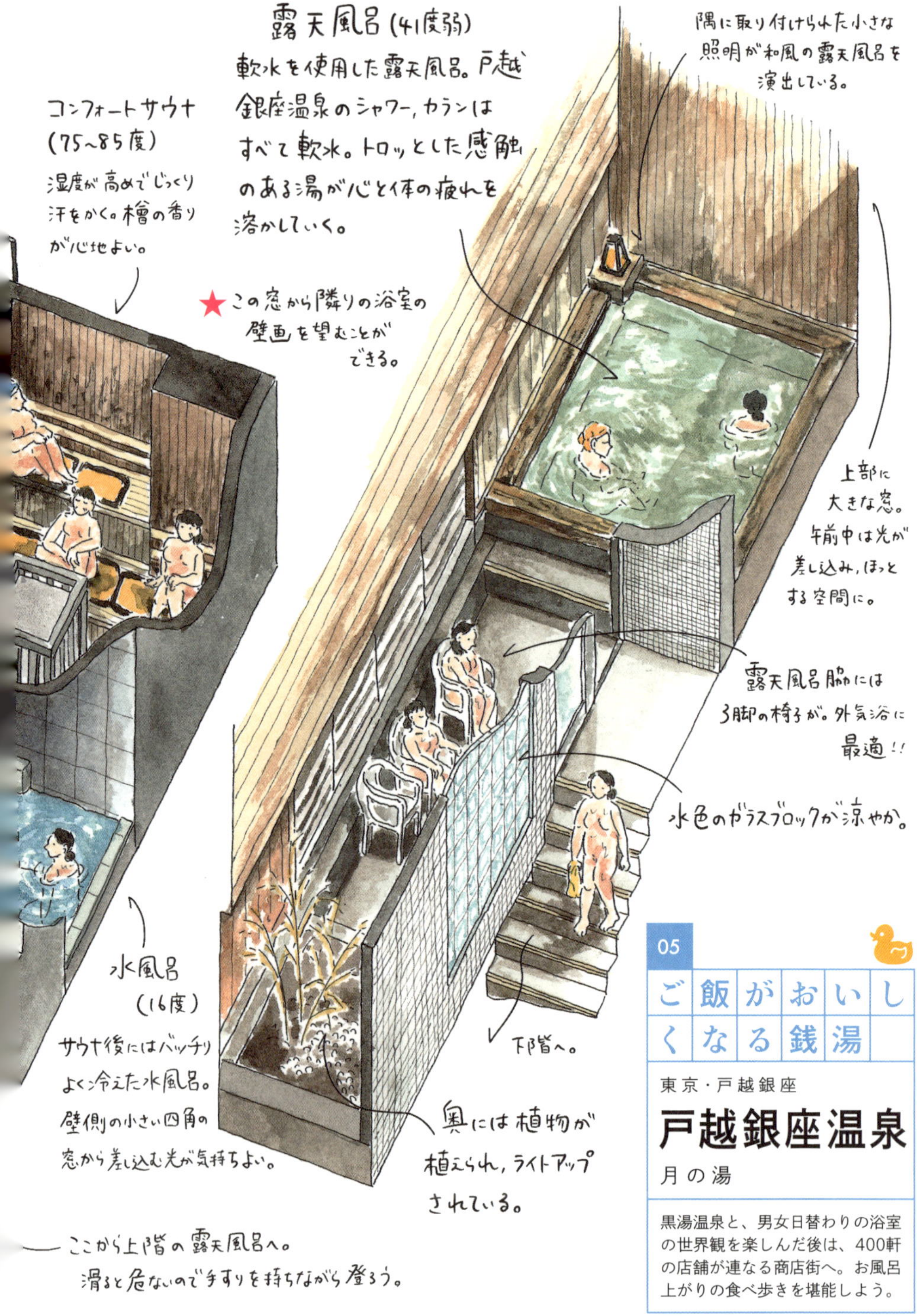

05

ご飯がおいしくなる銭湯

東京・戸越銀座

戸越銀座温泉

月の湯

黒湯温泉と、男女日替わりの浴室の世界観を楽しんだ後は、400軒の店舗が連なる商店街へ。お風呂上がりの食べ歩きを堪能しよう。

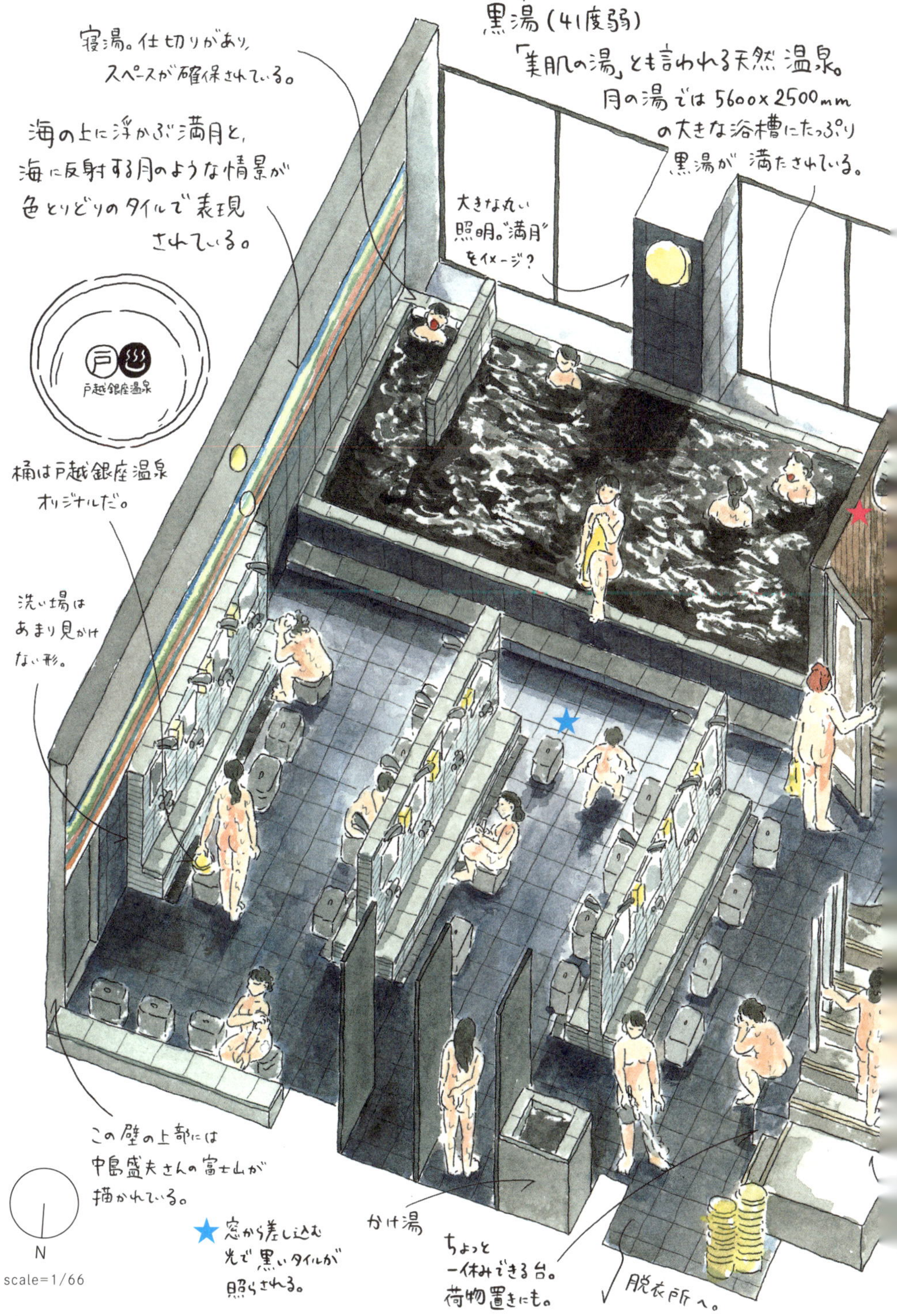
黒《くろ》湯《ゆ》(41度弱)
「美肌の湯」とも言われる天然温泉。
月の湯では5600×2500mm
の大きな浴槽にたっぷり
黒湯が満たされている。
寝湯。仕切りがあり、
スペースが確保されている。
海の上に浮かぶ満月と、
海に反射する月のような情景が
色とりどりのタイルで表現
されている。
大きな丸い
照明。"満月"
をイメージ?
戸
戸越銀座温泉
桶は戸越銀座温泉
オリジナルだ。
洗い場は
あまり見かけ
ない形。
この壁の上部には
中島盛夫さんの富士山が
描かれている。
★窓から差し込む
光で黒いタイルが
照らされる。
かけ湯
ちょっと
一休みできる台。
荷物置きにも。
脱衣所へ。
N
scale=1/66

ご飯がおいしくなる銭湯

二〇一六年にリニューアルしたばかりの駅舎を中心に約一・三㎞の商店街が続く戸越銀座。休日は多くの人で賑わい、食べ歩いている人も少なくない。お団子、かき氷、焼き鳥、コロッケなど、店頭でさまざまな食べ物が販売されており、思わず心惹かれてしまうが、この町の魅力は戸越銀座温泉なくしては語れない。

戸越銀座温泉は戸越銀座の裏通りに佇《たたず》む、ビル型銭湯だ。創業は一九六〇年で、二〇〇七年に建築家の今井健太郎さんが設計を担い、リニューアルオープンした。ご主人の「飽きない銭湯」という要望を元に、日替わりで男女が入れ替わる「月の湯」と「陽の湯」の浴室が作られたが、あまりに雰囲気が異なるため違う銭湯に来ているような心地があり、何度も足を運びたくなる。

この日は月の湯が女湯。アールヌーボー風の陽の湯とは対照的に、月の湯は和風をコンセプトに床から壁まで黒いタイルで統一されたシックな空間だ。内風呂には天然温泉の黒湯が湧いている。大きな窓から差し込んだ光が水面に反射する黒湯に浸かると、肩の力が抜けて、「ほ〜」と声が出てしまう。上階にある露天風呂は木の内装で構成され、都会の喧騒を忘れられる

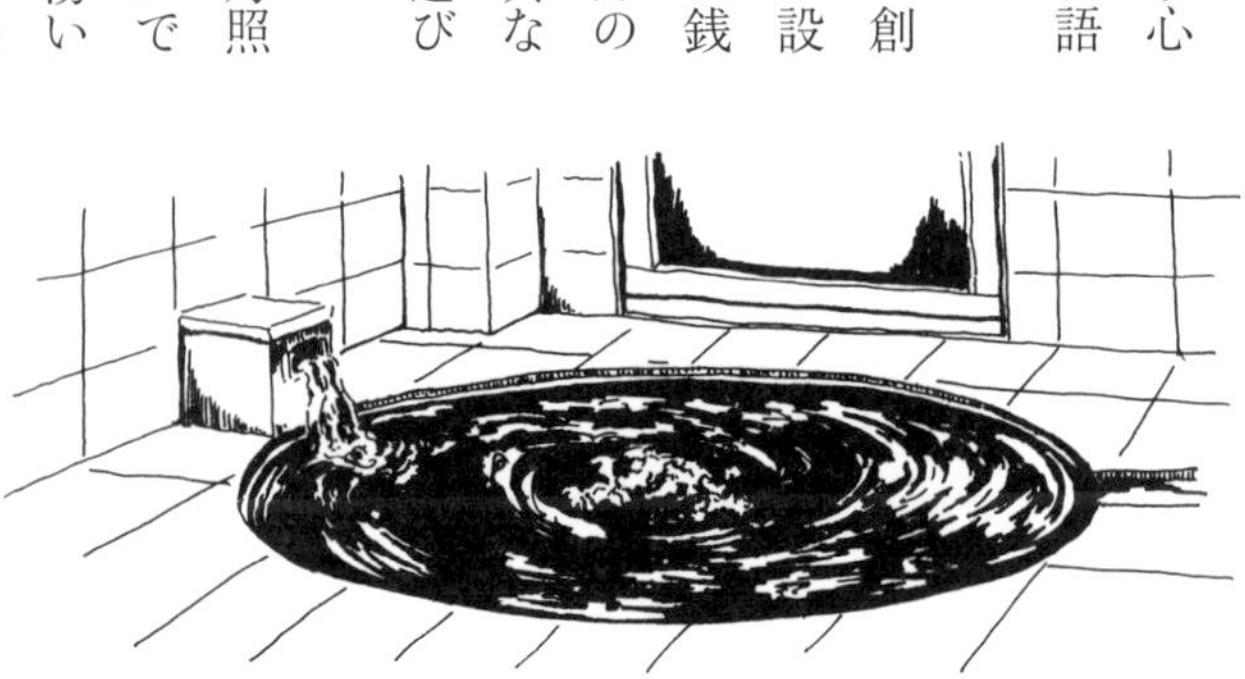

落ち着いた空間だ。檜の浴槽の縁に頭を預けて空を眺めると、遠くの温泉に来たかのようなのんびりした気持ちになる。

すっかりリラックスしきった体で戸越銀座温泉を出た頃には、お腹はもうペコペコ。何から食べようかと思い商店街に出ると、学生風の二人組が餅をついていた。早速、きな粉たっぷりのつきたて餅を一口いただいた。弾力あるつきたて餅の甘みときな粉の旨みで口の中は幸せいっぱいだ。続いては肉巻きのおにぎり、焼き鳥、コンビニで買った缶ビールを挟んで焼きとうもろこし、またビールと、湯上がりの効果で次々と食べてしまう。

多幸感とほろ酔い気分でそろそろ帰ろうかなというタイミングで、後藤蒲鉾店のおでんコロッケを見かけた。戸越銀座温泉のご主人も食べ歩きならこれは絶対と薦める逸品だ。一個七十円と破格の値段で、うずらの卵を一回り大きくしたぐらいのサイズ。サックサクの衣の中に、たっぷりのジャガイモ、ひき肉、そしておでんの味が確かにある。おでんの出汁《だし》の味と絡まり、ビールにもよく合う。お風呂上がりの心地よさで食べすぎ、商店街を出る頃には夕飯も入らないぐらいにお腹が膨れてしまった。戸越銀座。次に来るときはもっとお腹を減らしてからにして、お風呂と食べ歩きをさらに楽しみたい。

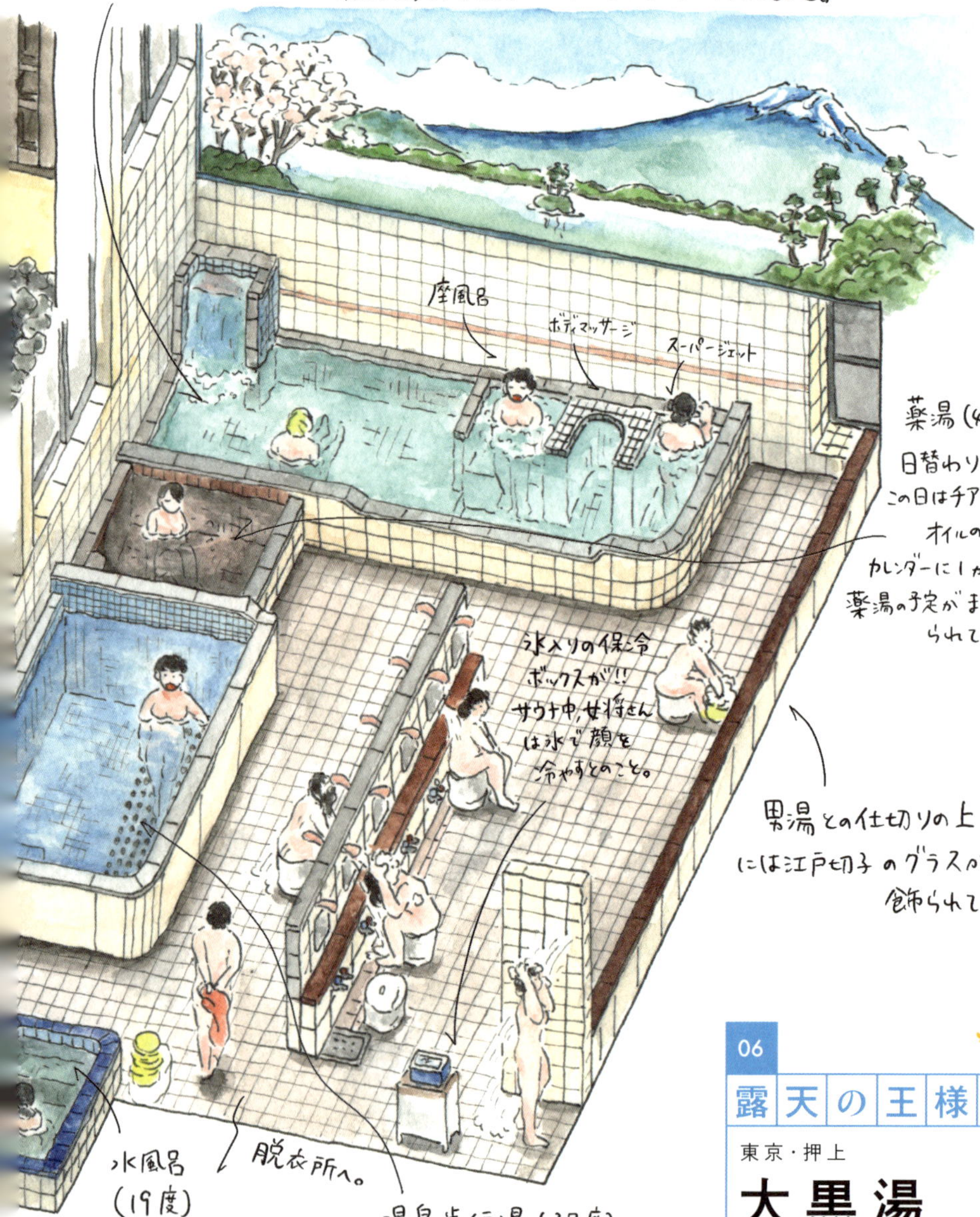

06

露天の王様

東京・押上

大黒湯

大露天

スチーム塩サウナ、広大な露天風呂に加え、ウッドデッキにはハンモックが。揺られながらスカイツリーを眺めるのが極上の心地。

露天水風呂（19度）
常に浴槽から水が溢れる源泉かけ流し
水風呂！サウナ後の屋外水風呂は病みつき
になりそう。
大露天風呂（41度）
ミネラル成分が豊富と話題の
入浴液ルフロを入れたお風呂。
体の芯からポカポカして心地いい。
少し硫黄の香りがして
温泉気分。
入りやすい温度で
おしゃべりしながら
長く入る人も多い。
寝風呂
椅子型ハンモック。
ここからスカイ
ツリーがよく
見える！
塩サウナ後は
シャワーで体を流そう。
かけ湯
ハンモック，寝椅子，
椅子型ハンモックで外気浴を
楽しめる夢のような空間！
サウナ，水風呂後のクールダウン
に最適。露天風呂脇の
階段から上がれる。
よもぎ
スチーム塩サウナ（50度）
塩をつけてマッサージをすると
ツルツルに！塩サウナ後に
サウナに行くと大発汗！
N
scale=1/70

露天の王様

押上《おしあげ》にある大黒湯。露天スペースの充実ぶりから「露天の王様」と呼びたくなる銭湯だ。一九四九年創業で、二〇一四年に露天風呂などを増築してリニューアルオープンした。入り口部分は綺麗に改装されているが、大きな瓦屋根を持った銭湯らしい外観。スカイツリーより徒歩十分の位置にあるため、建物を挟んで煙突とスカイツリーが相対する粋な風景を見ることができる。

可愛い大黒様の暖簾をくぐると、番台はフロント形式で、ギャラリー兼待合室には絵が飾られている。浴室は露天風呂つきと、炭酸泉つきの二つに分かれ、日替わりで男女が入れ替えられる。露天風呂つきの脱衣所に向かう。高い天井、白い壁と木目の梁《はり》の空間にロッカーが並んでいる。お年寄りが中央のベンチに座っておしゃべりをしている風景は、まさに下町の銭湯だ。

白いタイルで作られた浴室の手前にはカランが並び、奥には白湯、薬湯、歩行湯の三つの浴槽が並んでいる。奥の壁には銭湯の定番である富士山のペンキ絵が広大に描かれている。左手の出入り口から露天風呂へ。露天スペースは木目のある高い壁で丸く囲まれている。壁沿いには大露天風呂と露天水風呂が並び、よもぎスチーム塩サウ

ナの部屋も。岩づくりの露天風呂にはミネラル成分が豊富と話題の入浴液ルフロが使われている。お湯は入りやすい温度でのんびり過ごせる。岩場に頭を預けて空を見上げると、広々とした青空に煙突が見えた。ルフロが浴槽の岩と反応して硫黄の香りがほんのりし、まるで遠くの温泉地に来ているような心地だ。

実は、大黒湯の最大の魅力はウッドデッキ。サウナや露天風呂に入ってホカホカの体で、露天風呂脇の階段をゆっくり登って左手に曲がる。格天井で光がさんさんと差し込む、濃い色の木で構成されたウッドデッキに、なんとハンモックが置かれているのだ。ハンモックは天井から吊るされたタイプと床に置かれたタイプの二つ。床置きのタイプにホカホカの体を転がしてみた。ハンモックの布地に体が優しく包みこまれ、ゆらゆらと揺らされる。風が優しく流れて温かな光が体に当たる。さらに、格子の天井の向こう側にはスカイツリーが見えた。凛として立つスカイツリーの姿を眺めながら、火照った体でゆらゆらと揺れていると、天国にいるかのようなうっとりした心地になってしまう。

広々したルフロ入りの露天風呂、ウッドデッキ、ハンモック、そしてスカイツリー。ここまで役者の揃った大黒湯はまさに、「露天の王様」と言っていい最高の露天体験ができる銭湯だ。

07

古くて新しい銭湯

埼玉・川口

喜楽湯

女湯

昔ながらの銭湯らしい建物とポップな若者のセンスが融合。待合室から浴室までおしゃれに飾る工夫と、看板猫のタタミが必見です。

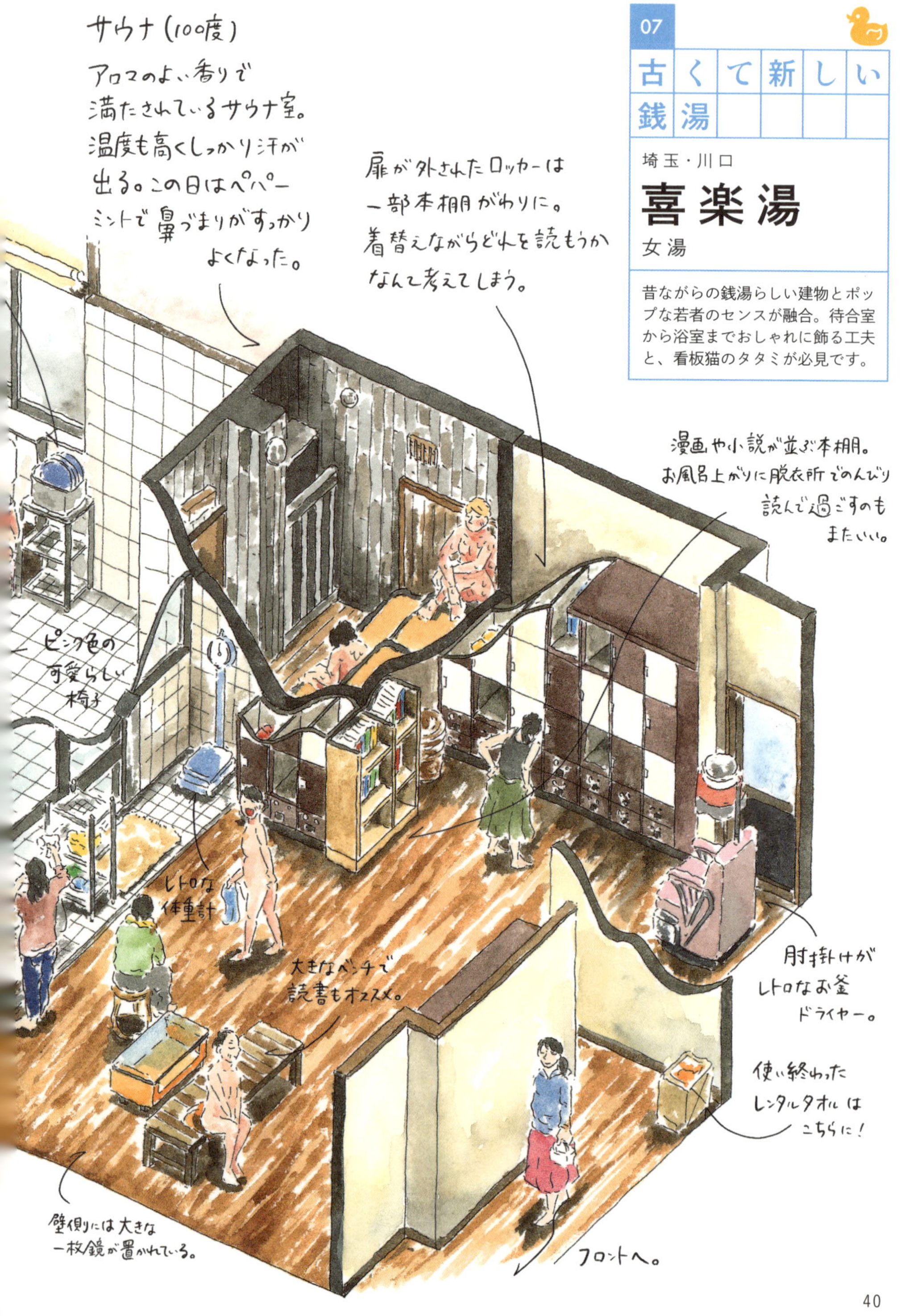

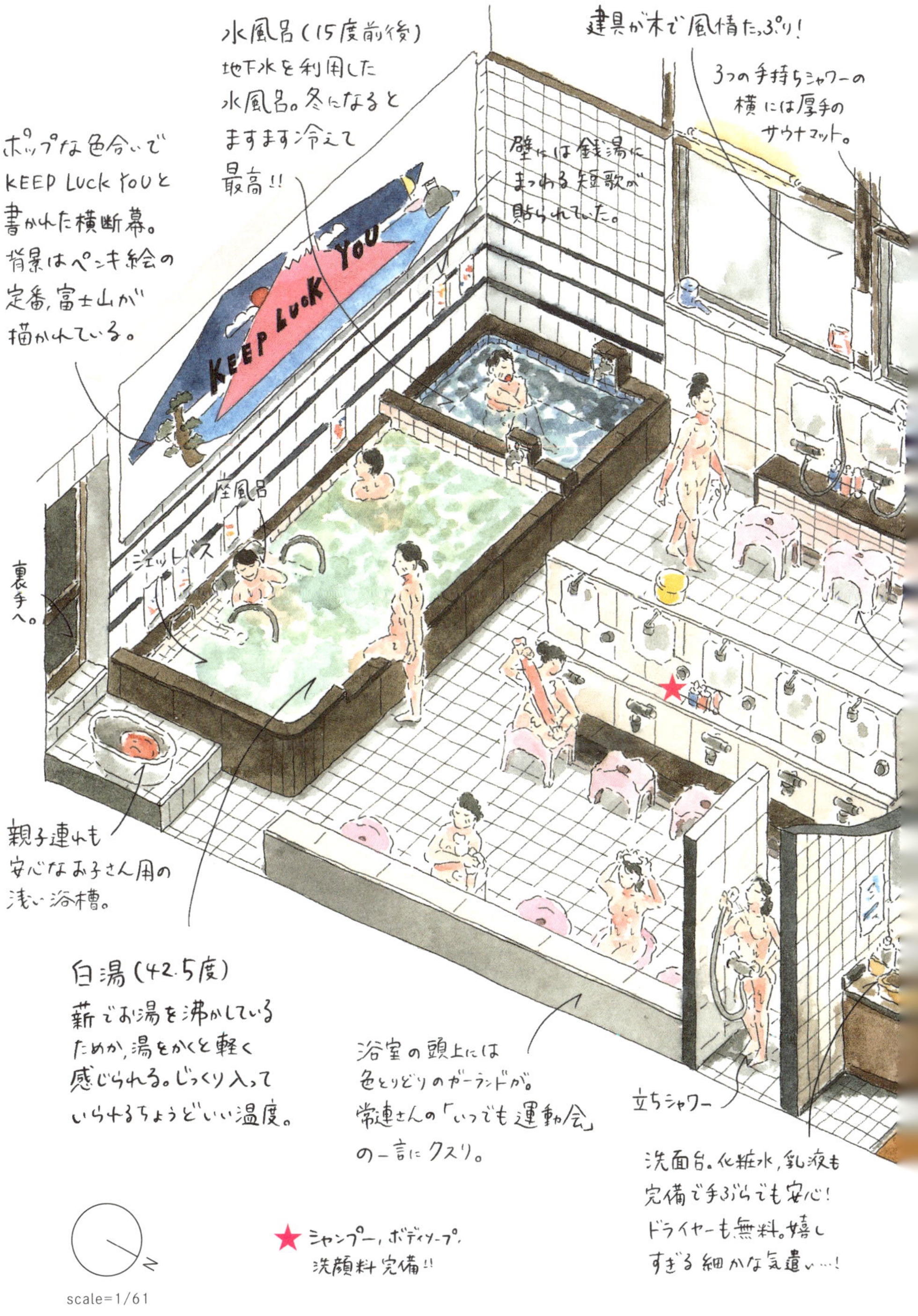
水風呂（15度前後）
地下水を利用した
水風呂。冬になると
ますます冷えて
最高!!
建具が木で風情たっぷり!
3つの手持ちシャワーの
横には厚手の
サウナマット。
ポップな色合いで
KEEP LUCK YOUと
書かれた横断幕。
背景はペンキ絵の
定番、富士山が
描かれている。
壁には銭湯に
まつわる短歌が
貼られていた。
KEEP LUCK YOU
座風呂
ジェットバス
裏手へ。
親子連れも
安心なお子さん用の
浅い浴槽。
白湯（42.5度）
薪でお湯を沸かしている
ためか、湯をかくと軽く
感じられる。じっくり入って
いられるちょうどいい温度。
浴室の頭上には
色とりどりのガーランドが。
常連さんの「いつでも運動会」
の一言にクスリ。
立ちシャワー
洗面台。化粧水、乳液も
完備で手ぶらでも安心!
ドライヤーも無料。嬉し
すぎる細かな気遣い…!
★シャンプー、ボディソープ、
洗顔料完備!!
N
scale=1/61

古くて新しい銭湯

ＪＲ川口駅から歩いて約十二分。郵便局が目印のカーブを曲がると、細長い煙突が見えてくる。煙突のたもとには大きな瓦屋根と天窓。入り口には銭湯にまつわるアイテムが描かれた暖簾が下げられ、水色・黄緑・オレンジなど色とりどりの椅子が表に並べられている。煙突のある昔ながらの銭湯らしい外観と、ポップな若者文化が融合する風景を楽しめるのが、川口市の銭湯「喜楽湯」だ。

喜楽湯は一九五〇年代より経営を始め、八八年にロビーとサウナ増設のため改装を行い、二〇一二年に浴室と脱衣所を一新。一六年より銭湯メディアの「東京銭湯―TOKYO SENTO―」が運営を担い、イベントの企画やアメニティを一新するなどしてソフト面のアップデートを続けている。

待合室に入ると、フロント形式の番台の前には二百円でレンタルができるノンシリコンシャンプーや、アメニティなどの小物、そしてアヒルのおもちゃが並んでいる。広々した脱衣所を通り浴室へ。脱衣所側から見て手前に洗い場があり奥側には白湯の浴槽と水風呂。浴室のつくりはシンプルだが、壁側には「KEEP LUCK YOU」と書かれた横断幕が掲げられ、カラフルなガーランドが頭上を彩っている。また、脱衣所のロッカー

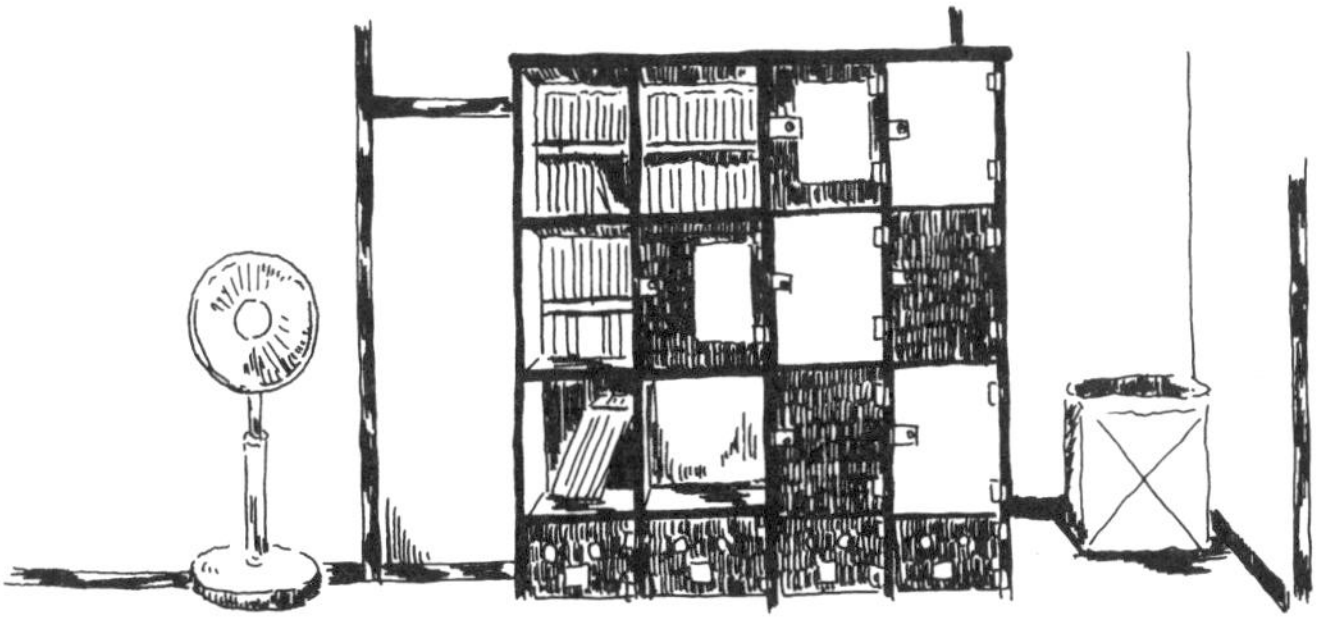

のいくつかの扉を外して本棚代わりにしたり、お釜ドライヤーの上に小さなサボテンが飾られていたりと、細かな飾り付けが可愛らしく賑やかで、そこにいるだけで楽しくなれる空間だ。

お湯は体に優しくちょうどいい温度で、サウナ室はアロマが香る心地よい空間。ほどよい冷たさの水風呂と交互に入ったところで体の芯からポカポカになった。お風呂上がり、フロントで売られているクラフトビールを飲もうと待合室に向かうと、猫が寛いでいた。この猫も喜楽湯の魅力の一つ、タタミだ。二〇一六年の秋頃、お向かいにある閉店した畳店で喜楽湯スタッフが子猫を見つけ、「タタミ」と名付けて育て、今では店の看板猫に。タタミに会いに訪れる人も多く、当初は私もその一人だった。しかし、来るたびに少しずつバージョンアップする喜楽湯の変化が面白く、それがすっかり楽しみになっている。

ハードが変わらなくとも、流動的に変化を続けていく。それが喜楽湯の魅力なのだろう。クラフトビールを飲み、外に出ると、兄弟猫なのか、タタミに似た猫がじっと見つめてきた。なんだかお見送りのようで嬉しくなる。タタミが恋しくなって、また、変化し続ける喜楽湯が見たくなって、すぐに戻ってきてしまいそうだ。

column 1 銭湯図解の描き方

「銭湯図解」を見た人から、「銭湯図解はどのように描いているんですか」とたびたび尋ねられる。工程は大まかに分けて、取材↓下書き↓ペン入れ↓着彩の四段階。時間にして約二十時間以上かけて一枚を描いている。

▶▶取材

電話もしくはＳＮＳから取材の交渉をして、当日は開店の１時間半前の銭湯に伺っている。初めにレーザー測定器を使って浴室全体や浴槽など大きなものから測量。湯船の立ち上がりやカランのような細かな部分は３mのコンベックス（メジャー）を使用し、タイル幅まで丁寧に漏れなく測っていく。

実測後は写真撮影。浴槽とカランの位置関係がわかる俯瞰写真と、蛇口や桶のような小物の写真、遠近両方を意識して撮影する。撮影後は20分ほど時間をいただいてご主人にインタビュー。銭湯の大まかな歴史、実施している取り組みなどを質問する。短い時間ではあるが、ご主人の銭湯への熱い思いが垣間見えるときもあり、その瞬間は思わず目頭が熱くなる。取材後は一般のお客さんに交じってお風呂に入り、湯船を楽しみながらも、後々絵に再現できるよう浴室の雰囲気や出来事を隈なく観察している。

その日、浴室であったことをリアルに再現したいので、銭湯図解は原則、女湯を取り上げているのだ。

洗い場など細かい部分は
メジャー、浴室自体の
幅など大きい
ところはレーザー
測定器を
使う。
洗い場
3m
メジャー

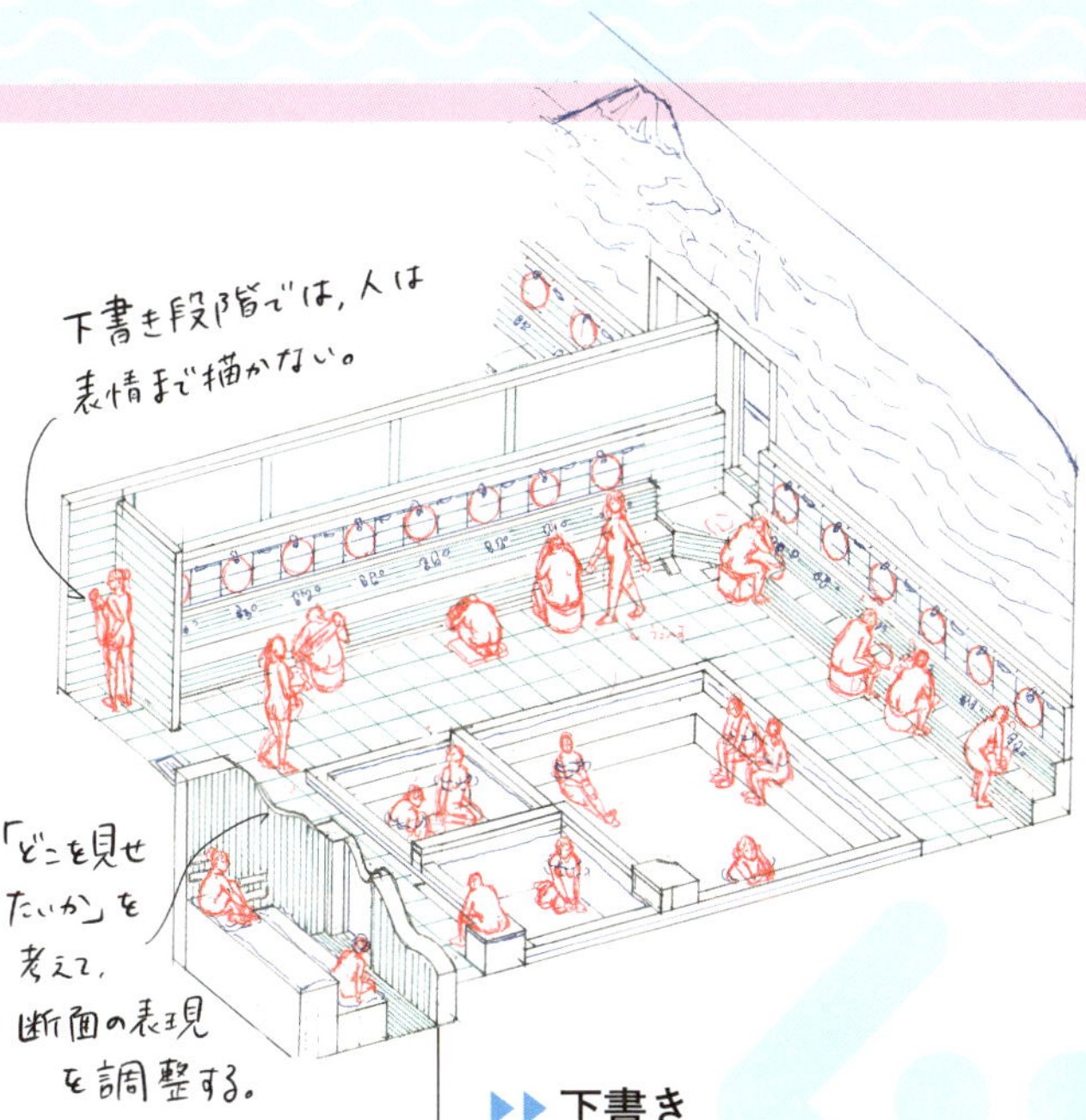
下書き段階では、人は
表情まで描かない。
「どこを見せたいか」を
考えて、
断面の表現
を調整する。

▶▶ ペン入れ

トレース台に下書きと水彩紙を重ね、耐水ペンで水彩紙に複写する。ペンは耐水インクを入れた製図ペン。さまざまなペンを試してきたが、ムラなく滑らかな直線を描くには大学時代から使ってきた製図ペンがぴったりだった。タイルの目地だけはさらに細いペンを使い、細部まで描き上げていく。

▶▶ 下書き

実測データをもとに、縮尺を決めてＡ４のコピー用紙に下書きを始める。直線を補助する定規は、大学時代から使い込んでいる製図用の三角定規だ。このあとトレース作業に進むため、色が強く書き直しがしやすいフリクションペンを使用する。タイル目地まで書き込むと何の線かわからなくなりがちなので、ものによって線を色分けしている。ちなみに人物は赤だ。

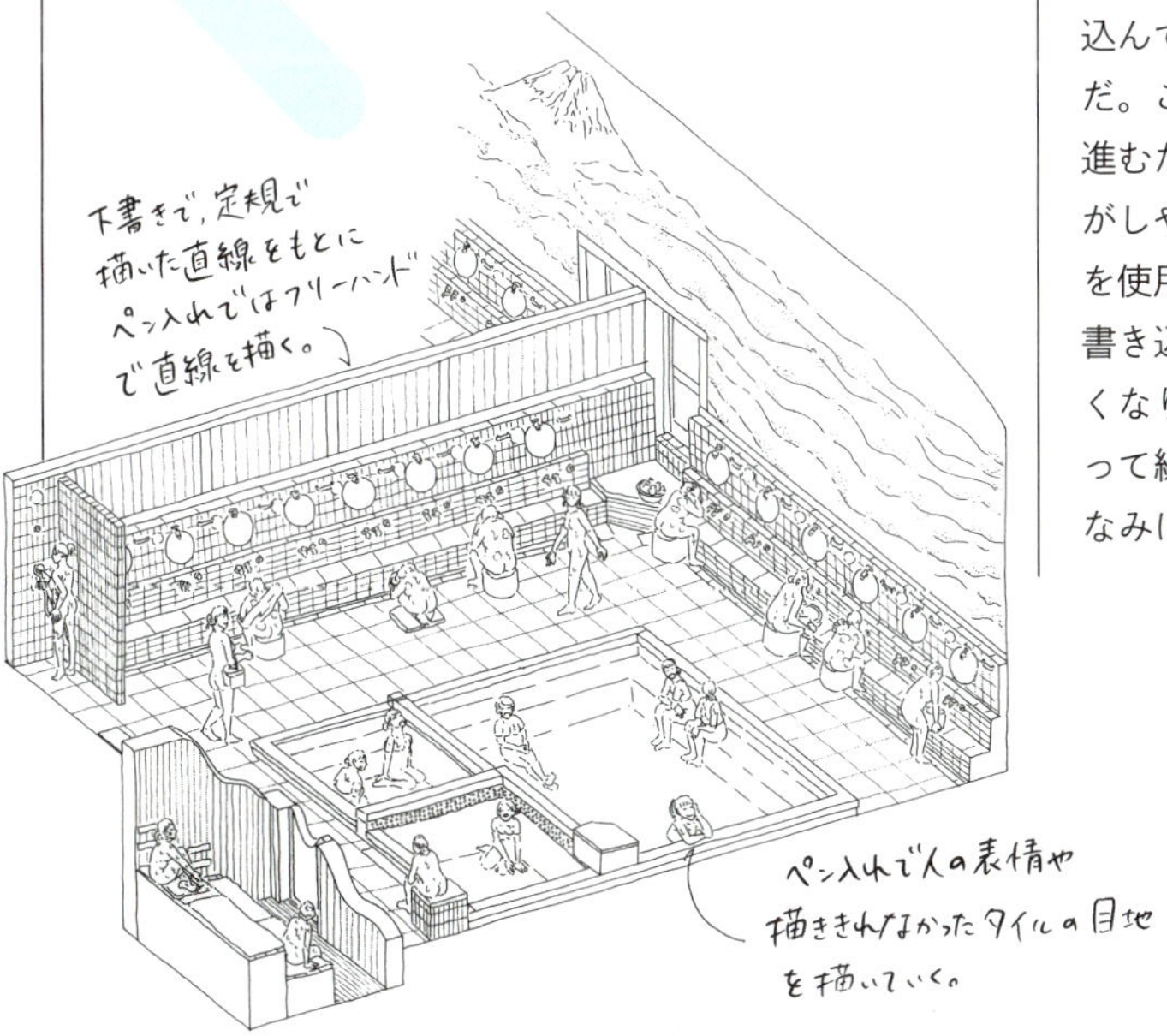
下書きで、定規で
描いた直線をもとに
ペン入れではフリーハンド
で直線を描く。
ペン入れで人の表情や
描ききれなかったタイルの目地
を描いていく。

▶▶着彩

最後は透明水彩で着彩。実際の色味を忠実に再現できるよう、いつもパレットで何色も混ぜて試行錯誤している。湯船は吐水口の位置がわかるように波紋に注意し、ジェットバスは泡の表現に努めている。着彩で一番面白いのは影つけ。影の再現度によって、建物の奥行き感や雰囲気、質感が決まるのだ。

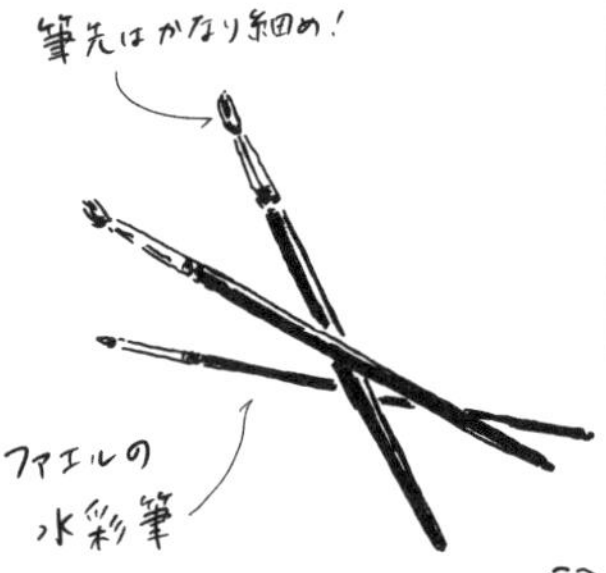

筆先はかなり細め!
ラファエルの水彩筆

手ぬぐい
筆洗い
絵の具はウィンザー&ニュートンの透明水彩。

仕上がった絵はスキャンをして、パソコン上で文字を重ねて完成だ。こうして図解の過程を思い起こしてみると、描く上で大切にしている点は三つある。

①銭湯の様子と正確な情報が伝わること
②建物としての雰囲気が感じられること
③イラストとしての見栄え

建築学科出身の銭湯番頭兼イラストレーターとして、この三つのうちどれかを見る人に魅力的に感じてもらえたらと思い描いている。それを少しでも感じとってもらえたら光栄だ。

第2章
銭湯を楽しむ

上級者コース

見ごたえのある建築や景色など、
多様な楽しみ方を教えてくれる、
上級者も満足の銭湯7選。

横山大観の『朝陽霊峰』をモチーフにしたタイル絵。
10mm角の細かなタイルで雲海の合間にそびえ立つ
富士山の姿を描いている。

各鏡の合間には手すりと小さな
照明が。このつくりは今井健太郎
さんの銭湯作品でよく見られる。

★檜づくりの吐水口
からお湯が溢れ出る。

ぬるま湯(42度)
檜でつくられた浴槽。
大蔵湯のお湯はすべて
軟水。柔らかで檜の
香りが心地よく体も
心も柔らかに。

あつ湯(44度)
あつ湯は石づくりの浴槽。少し熱め
だけど軟水だから入りやすい。
この日はすだちを入れるイベントを実施していた。

水風呂(18度)
浴槽は小さな丸いタイルづくり。
地下水をかけ流しているので体に
染み込むような気持ちよさがある。

N

scale=1/60

08

現代銭湯建築の傑作

東京・町田

大蔵湯

女湯

建築家の今井健太郎さんが手がけた郊外型銭湯。空間の質、湯の質を追求した銭湯建築は、心地よさに溢れた、“空間に浸る”銭湯だ。

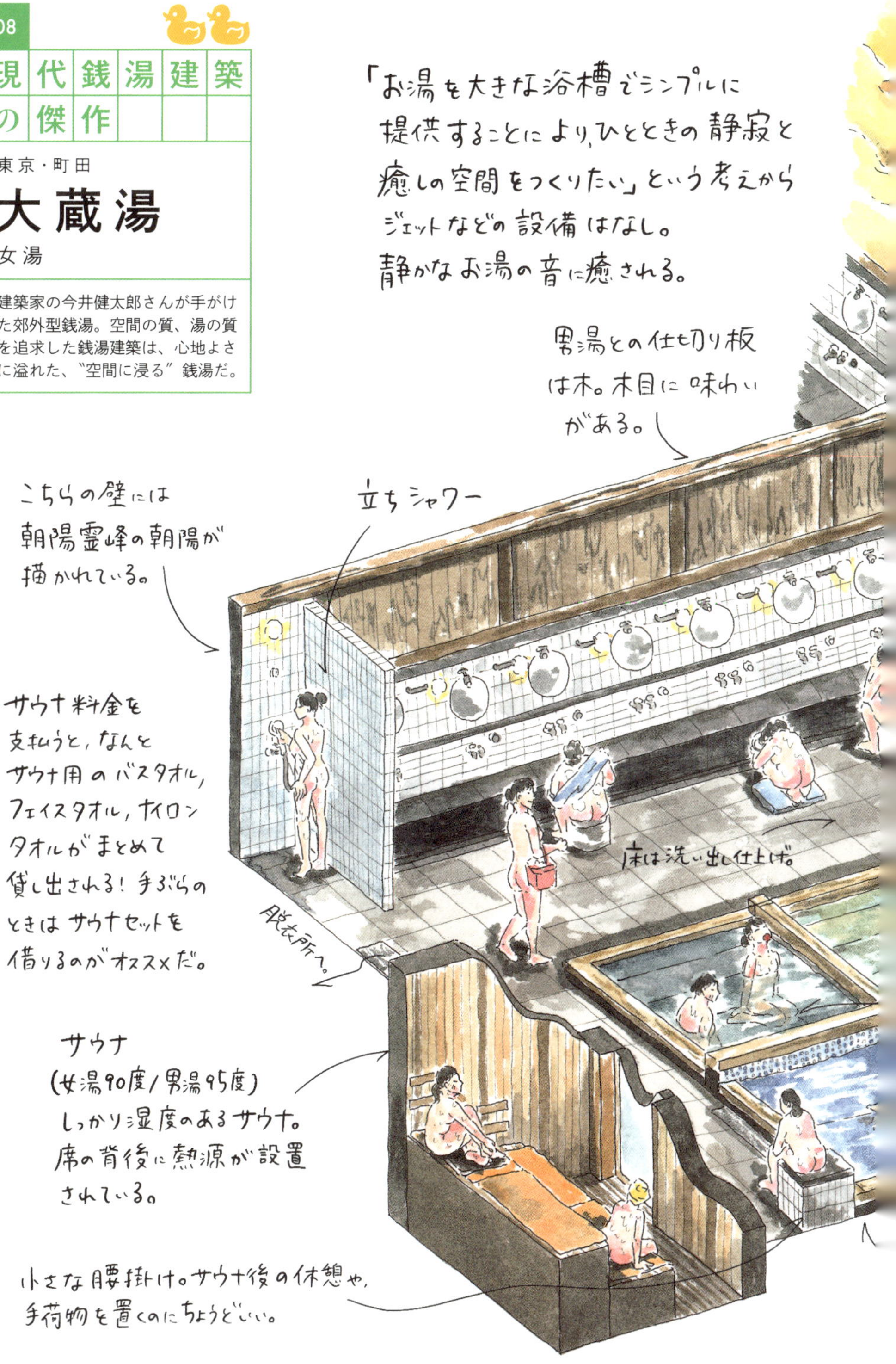

「お湯を大きな浴槽でシンプルに提供することにより、ひとときの静寂と癒しの空間をつくりたい」という考えからジェットなどの設備はなし。

静かなお湯の音に癒される。

男湯との仕切り板は木。木目に味わいがある。

こちらの壁には朝陽霊峰の朝陽が描かれている。

立ちシャワー
サウナ料金を支払うと、なんとサウナ用のバスタオル、フェイスタオル、ナイロンタオルがまとめて貸し出される！ 手ぶらのときはサウナセットを借りるのがオススメだ。

床は洗い出し仕上げ。

脱衣所へ
サウナ
（女湯90度／男湯95度）

しっかり湿度のあるサウナ。

席の背後に熱源が設置されている。

小さな腰掛け。サウナ後の休憩や、手荷物を置くのにちょうどいい。

現代銭湯建築の傑作

近年、リニューアルされた銭湯の多くを設計するのは建築家の今井健太郎さんだ。町田市にある大蔵湯もそんな今井さんの作品の一つ。町田駅からバスに乗って十五分ほど。住宅街を歩いていくと「大蔵湯サウナ」の文字が書かれた煙突が見えてくる。銭湯らしい瓦屋根とシックなデザインの切妻屋根が並ぶ建物。入り口には木製の看板で「大蔵湯」とあり、白地に薄い墨で「ゆ」と描いた渋い暖簾が下がっている。

大蔵湯の創業は一九六六年。祖師ヶ谷大蔵で銭湯を営んでいた先代が、町田に引っ越して新たに銭湯を開き、祖師ヶ谷大蔵にちなんで「大蔵湯」と名付けた。老朽化で改装の必要が出てきた際に、今井さんに依頼をして二〇一六年十二月にリニューアルオープン。設計にあたり、今井さんはシンプルな質問からご主人のイメージを引き出し、ご主人も数多くの参考資料などを作り、アイデアを提案してともに新しい大蔵湯を作り上げた。何度も話し合いを重ね、シンプルに湯の質と空間の質を高めることをコンセプトに定めたそうだ。「今井さんが大蔵湯に血を巡らせてくれた」とご主人は話す。

脱衣所の床にはゴザが敷かれ、素足で歩くと心地よい。浴室に入

ると目に飛び込んでくるのが黄系の色味で統一されたタイルの壁画。横山大観の『朝陽霊峰』をイメージした富士山と雲が描かれている。格子がはまった窓からの光が、あつ湯・ぬるま湯・水風呂の三種類の湯船の水面を静かに照らす。ジェットバスや電気風呂のような設備はないシンプルな構成が、静かな空間を実現しており、安らかな居心地のよさを感じる。軟水を使用しているため、湯をすくうと柔らかい感触だ。

広い湯船に浸かりながら、光を反射させる水面の揺らぎを眺めていると、体も心も力がすべて抜けていく。湯に体をゆだね、縁に頭を置いてタイル画を眺めていると、このまま湯に溶けて消えてしまいそうな危うい幸福感があった。今井さんとご主人で何度も打ち合わせを重ねて作り込んだからこそ、他の銭湯にはない安らかさが感じられる、質の高い空間が実現しているのだろう。

お風呂上がりは、女湯の脱衣所についている露天スペースでゆっくり過ごした。二人入るといっぱいだが、半透明のガラス壁から差す温かみのある光と、頬を撫でる優しい風を感じながら、植物の揺らぎを眺めていると、穏やかな気持ちになり、さらに幸福感が。上質な空間はお風呂上がりの心地よさも深めることができる。隅々まで考え尽くされた大蔵湯の建築に、改めて感銘を受けた。

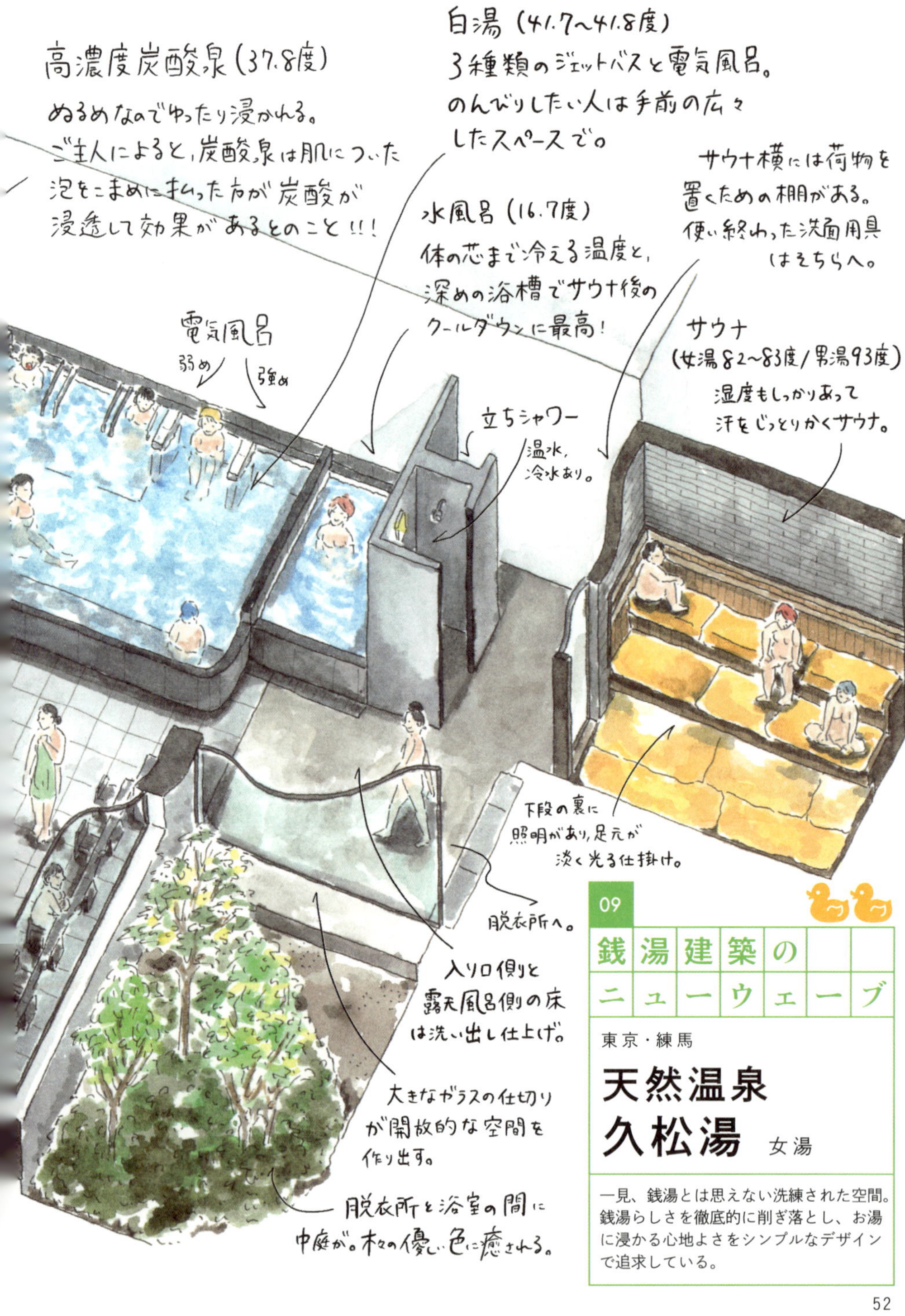

09

銭湯建築のニューウェーブ

東京・練馬

天然温泉 久松湯 女湯

一見、銭湯とは思えない洗練された空間。銭湯らしさを徹底的に削ぎ落とし、お湯に浸かる心地よさをシンプルなデザインで追求している。

N
scale=1/84
19時過ぎからプロジェクションマッピングが映し出される。お湯の流れを光で表現した演出を楽しもう。(冬期は中止)
300円で5分楽しめる炭酸シャワー。専用コインを受付で購入して利用する。
このあたりから炭酸が出てくる。
午前中に行くと、露天から入る光が壁と椅子を照らし出し、絵画のような美しい濃淡を持った風景を作り出す。この一瞬が好きで朝に行くことが多い。
裏手へ。
ここから浴室側を見やると、植物の合間に浴室が見えてまさに「雑木林の中の公衆浴場」というコンセプトを思い起こさせる。
サウナ後は露天の縁石に腰掛けての休憩がオススメ。青空を眺めながらたっぷり外気浴を楽しめる！
露天風呂(42度)
地下1500mから引いた黄金色の天然温泉。とろっとした感触で、縁に頭を預けて空を見上げると極楽気分。
椅子、桶もモノトーンで統一されている。桶は珍しい四角形。

銭湯建築のニューウェーブ

久松湯は、西武池袋線桜台駅から始まる通りの先の、三階建てのビルや住宅に囲まれた地域に佇む銭湯だ。外観はレンガ調の白い四角の建物に、ガラスがはめ込まれた門のような構造物が取り付けられたつくり。木目調で洗練されたフロントの左右には、湯気をイメージさせるデザインの男湯・女湯のサインが書かれた暖簾が下げられている。浴室は白と黒のタイルで統一感があり、高い天井はひし形の格子状になっている。ところどころがトップライトになっており、そこから差し込む朝の光は力強く、神々しさすら感じられた。

　脱衣所出入り口の脇には庭があり、自然と浴室が隣り合う構成は森林浴を兼ねるような居心地のよさがある。天井、構成だけでなく、細部にも工夫が施されている。窓に面した洗い場は低めに設置され、外への眼差しを邪魔しない。また、足が置きやすいよう洗い場が斜めになっているため、窮屈に感じない。他にも通常の洗い場では見られない段がつけられており、元々設計に携わっていた身としてワクワクしっぱなしだ。

　じっくり体を洗った後はいよいよ湯船へ。優しめのジェットが心地よく、お湯の温度は適度で気持ちがいい。浴室の奥には露天風呂がある。黄金色をした温泉は高い壁に囲まれている。

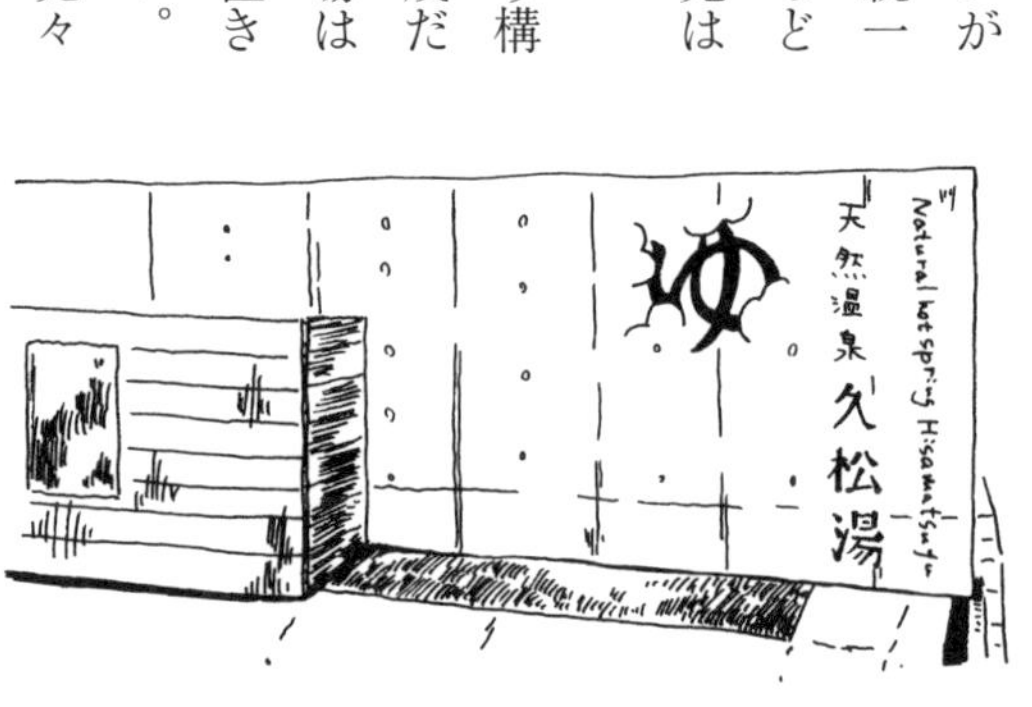

湯に入ると、とろりとしてまろやかな感触があり、温度も適度で体の内側からどんどん温まる。湯あたりしない程度にたっぷりつかった後は、腰掛け石で一息。壁に囲まれた空は四角く切り取られている。東京の銭湯は密集地にあるため、露天風呂は大抵高い壁に囲まれているのだ。火照った体を冷ます爽やかな風を感じながら空をぼんやり見ていると、空が額縁に収められた絵のように見えてとても豊かな気持ちになる。

湯上がりにご主人にお話を伺った。一九五六年、先代の風間久松氏の名前を由来に、久松湯が創業された。煙突があり宮造りのいわゆる古き良き銭湯のスタイルだったが、老朽化のため建築事務所のプラネットワークスに建て替えを依頼。少し規模を大きくし、新たに温泉を掘削して二〇一四年にリニューアルオープンした。「世界で一つしかない斬新な銭湯にしたかったから、銭湯らしさを出したくなかったんだよね」という二代目の風間さん。銭湯らしさを排除しつつも、心地よい空間を追求する熱意を感じるとともに、インタビューの合間にニコッと笑うお茶目さもあるご主人だ。お話を伺って、建物のシンプルな美しさだけでなく、その世界観を統一させようとする考えに惚れ込んだ。

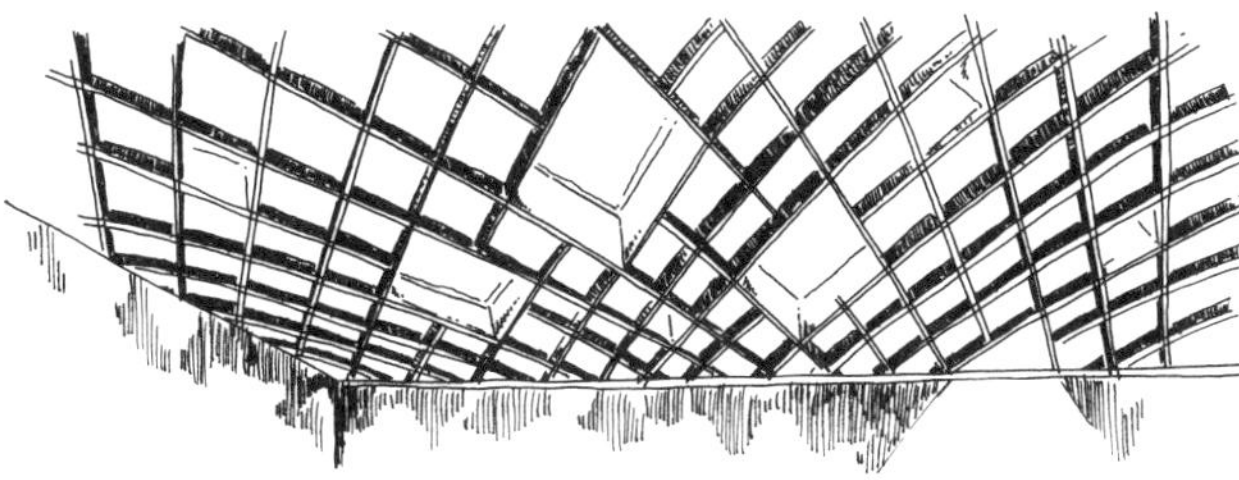

10

春に行く銭湯

東京・蒲田

桜館

弐の湯

春は温泉に浸かりながら、そして2階の宴会場からも桜を望むことができる銭湯。雅な花見と、賑やかな花見がダブルで味わえる。

純養褐層泉（41度）

古代の草木が地中深くで腐食し、沈殿、蓄積されてできた「黒湯」とも呼ばれる温泉。ぬめりがあり、パック効果や保湿効果に特に優れている。

水風呂（15〜20度）

チラー（冷却装置）で冷やしているためキンキン。細長い通路のようなつくりで、奥までたどり着く頃にはすっかり体は冷やされている。

出入り口付近に浅い段がつけられているので、最後に足首がじっくり冷やされる。

白湯（41.5度）

ジェットバス、バイブラがついた広々した湯船。

カランの数はなんと全部で35個。大人数で来ても対応できる数だ。

入り口付近には手持ちシャワーが。入浴の前後に足を流したり、入り口周りのゴミを流すのに使われる。

脱衣所へ。

紫色の仕切りの中に丸い鏡。壱の湯は仕切りが白で、カラン周りのタイルは赤。

開け放たれた窓から屋外の桜の枝が浴室まで伸びていた。湿気で傷んでしまうため、現在は枝は切り落とされたが窓越しに桜を望むことができる。

湯船の隣には、鹿威しを思わせる竹が刺さった黒湯の池。湯船から小さな日本庭園を望んでいるような心地だ。

桜の花びらが、黒湯に散って幻想的な光景だった。

植物が描かれた丸いステンドグラス。

サウナ(90~95度)

フィンランドサウナをイメージしてつくられているので、暗く湿度が高めのセッティング。しっかりがっつり汗をかける。

氷を頬に当てている常連さんの姿も。

電気風呂(42度)

背中を柱側につけて使用する。

隣はバイブラバス。

N
scale=1/55

春に行く銭湯

桜の季節になると行きたくなる銭湯がある。東急池上線の池上駅にある銭湯、桜館。桜館の名前に相応《ふさわ》しく、建物の前には大きな桜の木が生えている。旅館風の玄関と相まって、気品漂うその立ち姿に思わず見惚れる。入り口は緑色の壁に「桜館」と渋い文字。桜の木の下のベンチで、上品な装いのおばあさんが開店を待っている。とても二十一世紀の都内大田区にある銭湯とは思えない、情緒ある風景だ。

桜館の浴室は壱の湯と弐の湯に分かれており、月の前半と後半で男女が入れ替わる。壱の湯は三階建てで、二階にスチームサウナ、三階は屋外になっていて露天で温泉を楽しめる。息がしにくいほど熱々なスチームサウナや、露天風呂で外気浴を楽しむのもいいが、この季節はなんといっても弐の湯がオススメ。幸い、今日は弐の湯に女湯の暖簾がかかっている。浴室に入り、角にある温泉へ。

桜館に湧く温泉「純養褐層泉」は、黒褐色の色合いから一般的に「黒湯」と呼ばれている。黒湯は大田区の銭湯でよく見かけるが、桜館の黒湯の濃度は深く、水面から二cmより下は何も見えないほど。足先で段差を確かめつつ、浴槽内の階段を降りて岩場を背に腰を下

ろす。心地よい温度に体の力が抜けて、ほうっと思わず息が漏れ、天井を見上げる。少し高い位置にある窓が、満開の桜でピンク色に彩られていた。開け放たれた窓から爽やかな風が流れ、室内にまで伸びた桜の枝を揺らし、はらはらと散った桜の花びらが黒い湯船にたゆたう。とても幻想的な光景で、風の音や室内の桶の音、水の音に耳を傾けながら、お風呂に入ってのお花見の時間を楽しんだ。遠くの温泉で非日常的な景色を楽しむような、清らかで満たされた気持ちだ。

　お湯の中から桜を楽しむ風流な花見を味わった後は二階の飲食フロアへ。手前にはひと昔前のアーケードゲーム筐《きょう》体《たい》が並び、その奥に座敷型の宴会場がある。玄関の雰囲気とはまた少し異なり、昼からカラオケやお酒を楽しむ人もいて、下町情緒たっぷりな空間だ。春は宴会場の磨《す》りガラスの窓が開かれ、満開の桜を望むことができる。窓から桜を眺めつつ、お酒やカラオケを楽しむ光景は、お花見シーズンに公園で見かける宴会の雰囲気とまさしく同じだ。私も、お風呂上がりの一杯を飲んで賑やかなお花見に参加する。酔いが覚めたら、もう一回お風呂の中で雅なお花見を楽しもうと思いつつ、最後の一口を飲み干した。

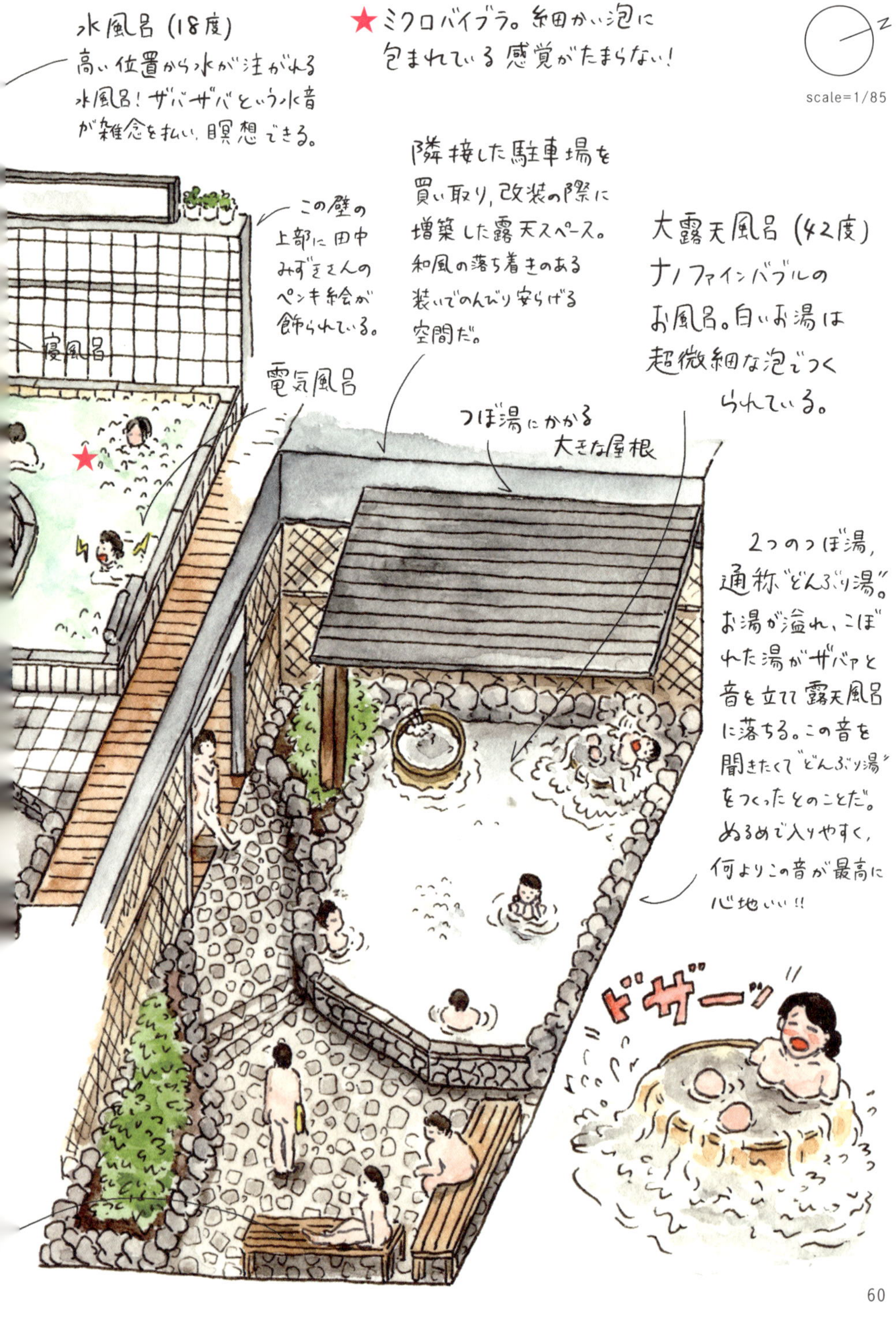
水風呂（18度）
高い位置から水が注がれる水風呂！ザバザバという水音が雑念を払い、瞑想できる。
★ミクロバイブラ。細かい泡に包まれている感覚がたまらない！
scale=1/85
この壁の上部に田中みずきさんのペンキ絵が飾られている。
隣接した駐車場を買い取り、改装の際に増築した露天スペース。和風の落ち着きのある装いでのんびり安らげる空間だ。
大露天風呂（42度）
ナノファインバブルのお風呂。白いお湯は超微細な泡でつくられている。
寝風呂
電気風呂
つぼ湯にかかる大きな屋根
2つのつぼ湯、通称"どんぶり湯"。お湯が溢れ、こぼれた湯がザバァと音を立てて露天風呂に落ちる。この音を聞きたくて"どんぶり湯"をつくったとのことだ。ぬるめで入りやすく、何よりこの音が最高に心地いい!!
ドザーッ!!

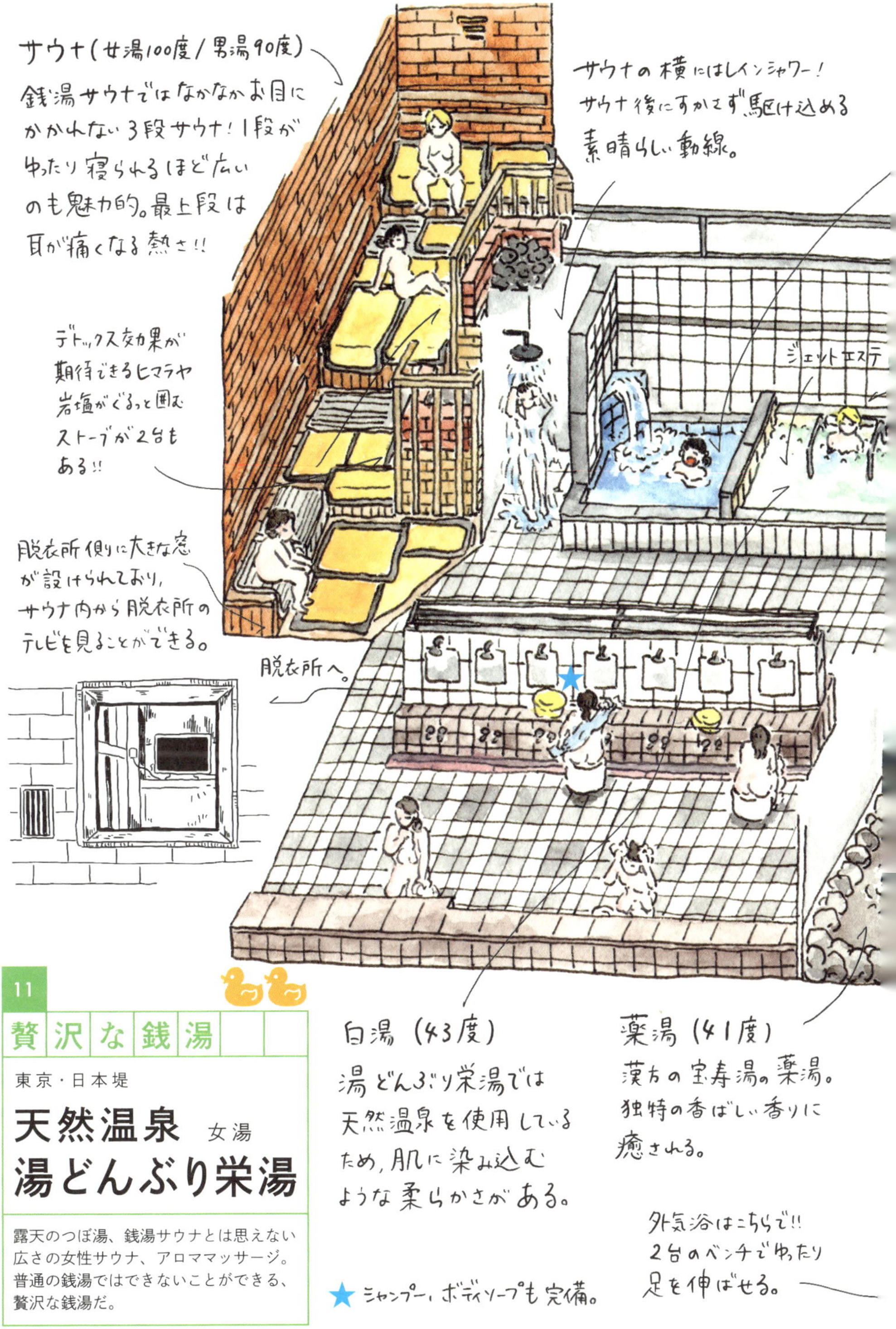
サウナ(女湯100度/男湯90度)
銭湯サウナではなかなかお目にかかれない3段サウナ！1段がゆったり寝られるほど広いのも魅力的。最上段は耳が痛くなる熱さ!!
サウナの横にはレインシャワー！サウナ後にすかさず駆け込める素晴らしい動線。
ジェットエステ
デトックス効果が期待できるヒマラヤ岩塩がぐるっと囲むストーブが2台もある!!
脱衣所側に大きな窓が設けられており、サウナ内から脱衣所のテレビを見ることができる。
脱衣所へ。
白湯(43度)
湯どんぶり栄湯では天然温泉を使用しているため、肌に染み込むような柔らかさがある。
薬湯(41度)
漢方の宝寿湯の薬湯。独特の香ばしい香りに癒される。
外気浴はこちらで!! 2台のベンチでゆったり足を伸ばせる。
★シャンプー、ボディソープも完備。

11

贅沢な銭湯

東京・日本堤

天然温泉　湯どんぶり栄湯　女湯

露天のつぼ湯、銭湯サウナとは思えない広さの女性サウナ、アロママッサージ。普通の銭湯ではできないことができる、贅沢な銭湯だ。

贅沢な銭湯

湯どんぶり栄湯は、普通の銭湯ではできないことができる贅沢感のある銭湯だ。東京メトロ日比谷線三ノ輪駅より約一㎞。八百屋や肉屋、酒屋が並ぶ下町の雰囲気が漂う通りを進んだ先にビル型銭湯が現れる。栄湯は一九四五年の終戦直後に創業。その後何度かの改装を行い、二〇一七年の五月に「湯どんぶり栄湯」という名でリニューアルオープンした。丼もののようにたくさんの種類のお風呂を楽しめるようにという思いから、この名前を付けたそうだ。

浴室内には水風呂、白湯、薬湯があり、リニューアル時に増築した露天にはナノファインバブル温泉と呼ばれる白い湯船がある。特筆すべきはバブル湯の中にある二つのつぼ湯。おそるおそる入ってみると、なみなみ溜まったお湯が溢れ、バブル湯に音を立てて落ちていった。普通ではありえない、溢れさせた湯を他の湯船に注ぐ行為にほのかな罪悪感と快感がある。

だが、栄湯の贅沢感はこれだけではない。なんと女性サウナが銭湯サウナと思えないほど広いのだ。横になれるほど広い三段の椅子。そして、ほのかに赤く光るヒマラヤ岩塩が積まれた壁の内側には、サウナストーブが二台！　リニューアルの際に男性サウナを露天側に新設したため、女性サウナに元々の男性

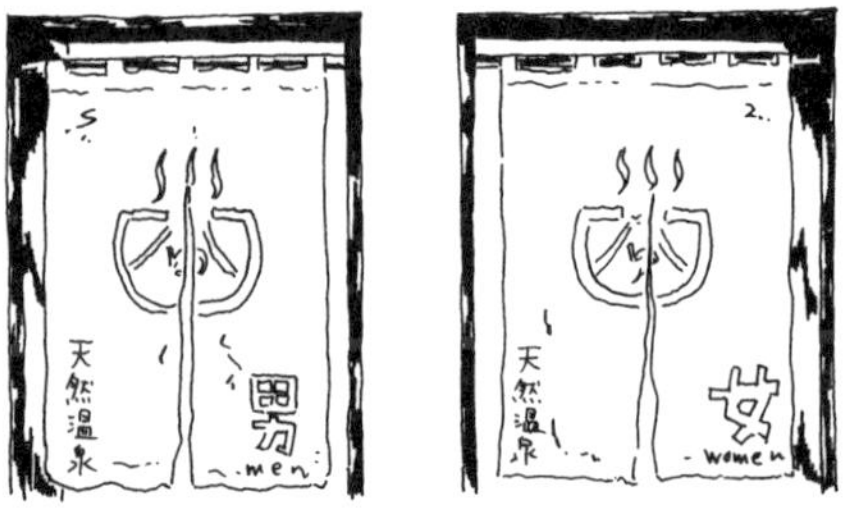

サウナを合体させたのだ。たっぷり汗を流した後は滝のように水が注がれる水風呂を楽しみ、露天風呂のベンチでのんびりすると極上の気分。
　こんなに贅沢な思いができる銭湯なんて滅多にないと感じるが、ここではさらに、二階でマッサージも受けられるのだ。私がその日お願いしたのはアロママッサージ。二階に行くと、爽やかな印象のお姉さんが出迎えてくれた。紙ショーツに着替えてゴロンと転がると、お姉さんがアロマオイルを体につけてくれてマッサージが始まる。銭湯後でただでさえ柔らかくなった体がより深く、より柔らかくほぐされていく。お姉さんとおしゃべりしつつ、マッサージを楽しむこと一時間。すっかり体の隅々まで軽くなって、首もぐるぐる回るようになった。着替えながら肌をふと触ってみると、信じられないほどしっとりしている！　お風呂上がりは肌が乾燥しているため、アロマオイルがぐんぐん入っていくそうだ。自分の肌とは思えないほどツルツルになり大満足。帰り道、「贅沢しちゃったな〜」とウキウキした気持ちで夜風の心地よさにまた幸せを感じた。仕事帰りや、ちょっと頑張った自分にごほうびをあげたいときにはぴったりの銭湯だろう。

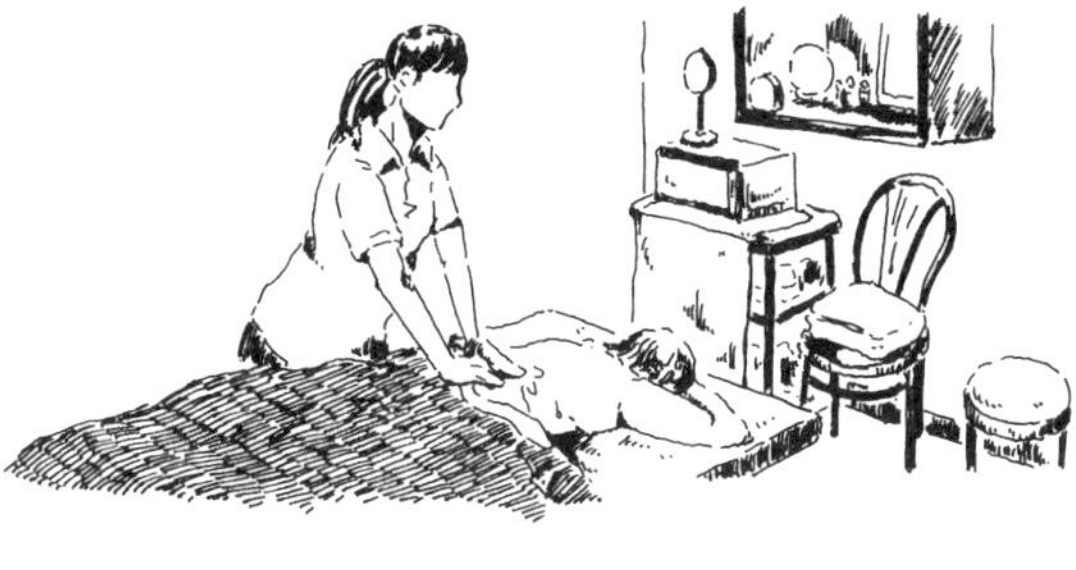

12

遠足したくなる銭湯

東京・成田東

ゆ家 和ごころ 吉の湯 女湯

緑豊かな公園の近くにある。和モダンな露天は自然を全身に感じられる心地よさ。週末に遠足気分で行ける、都会のオアシスだ。

白湯（42度）
ジェットバス、電気風呂が楽しめる、浴室のど真ん中にあるお風呂。円形の縁にもたれて半身浴もオススメ。曜日によって、「よもぎ風呂」などの薬湯も実施中。
サウナ後の汗を流すのにぴったりの立ちシャワー。
和をイメージした木の格子の天井が特徴的な露天スペース。格子から溢れる光とそよ風が心地よい空間。
ミドルエステ
鏡はかまぼこ型。
ボディージェット
電気風呂
シャンプー、ボディソープのパウチをフロントでもらうことができるので、手ぶらの人も安心。
ショルダーエステ
脱衣所へ。
N
scale=1/75
立ちシャワー
窓側の照明の上にオウムの置物が。

遠足したくなる銭湯

杉並区、和田堀公園。善福寺川に沿う形で広がる、広大な緑地帯を持つ都立公園だ。スポーツ施設があるほか、バーベキュー場、食事処、さらには釣り堀もある。緑に囲まれているためランニングには最適で、春には桜が満開になり花見にも人気のスポットだ。週末のレジャーにはうってつけの場所だが、そこで遊んだ後は銭湯の「ゆ家 和ごころ 吉《よし》の湯」で癒されるのがオススメだ。

ＪＲ高円寺駅発、永福町駅行きのバスに乗って約十分。閑静な住宅地にひっそり佇んでいる。吉の湯は十年前にリニューアルされた銭湯で、黒湯が有名な「麻布黒美水《こくびすい》温泉 竹の湯」の姉妹店でもある。浴室は中央に浴槽が置かれる構成。関西方面ではよく見かけるが都内ではなかなか見かけない珍しいつくりだ。曜日によって薬湯が実施されているそうで、この日はよもぎのお風呂。よもぎの香りが浴室中に充満していた。

浴室の奥に進むと露天風呂へ。リニューアル時に和モダンを意識したという露天風呂には、木の格天井が設けられている。床は石畳、壁には石が張られ、奥側には小さな庭もあり、純和風の雰囲気たっぷりの閑静な露天風呂だ。ここには大きな半円形の炭酸泉と、露天

水風呂、そして二つのつぼ湯があり、さらにサウナ室も設けられている。湿度たっぷりのコンフォートサウナと、よく冷やされた露天水風呂、泡が心地よい炭酸泉も堪能した後は、庭の前にある椅子で小休止。格子の天井から差し込む光に照らされる浴室内の光景をぼんやりと見ながら、優しい風に体をゆだねていると、穏やかな気持ちになる。和田堀公園の自然の中で過ごしているような、森林浴をしているときの爽快感だ。

つぼ湯は、本店の竹の湯から二トントラックで運んできた黒湯を水・土曜日に実施しているそうだ。黒湯をたっぷり溢れさせながらつぼ湯に肩までしっかりつかる。縁に頭を置いて庭の緑を見ると、自然とつながっているような気持ちよさを感じる。

お風呂を堪能した後はロビーへ。吉の湯では生ビールも提供しており、注文すると小さなおつまみも付いてきてお得な気分。自然豊かな露天でのんびりした後のビールは格別の美味しさだ。ロビーにはさらにマッサージのコーナーもあり、そこで日々の疲れをさらに絞り取ってもらうのもいいだろう。少し遠いからこそ、週末に遠足気分で行ける都会のオアシスとも言える銭湯だ。

13

京都に浸る銭湯

京都

サウナの梅湯

男湯＋2階

明治時代からの建物と、若き経営者の意欲が混じり合う。古き町並みと新たなカルチャーが水彩のように滲む京都を体現するような銭湯だ。

夏の時期は表の木々が青々として綺麗だった。

お風呂上がりはぜひこの欄干に腰掛けてほしい。心地よい風を感じ、高瀬川の景色を見下ろしつつ浴室の音に耳をすますひとときは梅湯でしか味わえない贅沢な時間だ。

オープン直後は小さな椅子が置かれていたが、現在はソファが置かれているようだ。

奥の広間はイベントなどで使用される予定。

このベッドに横になって施術をしてもらう。

カートに並べられたさまざまなタトゥーインク。

小型のタトゥーマシンを用いて仕上げていく。

本棚
浴室でも使われている緑色の椅子。

白湯(42.5度)肩まで浸かりたいときにぴったりの深さ。

ここにジェットあり。

彫師の恭維《きょうい》さんが営むタトゥースタジオ「狐や」。施術料金は1回15,000円から。

こちらは浅めで足を伸ばしてゆっくりしたいときによし。

一階女湯の入り口脇へ。

レトロな古本が販売されている。

電気風呂(41.5度)押す、もむ、たたくを繰り返す「揉兵衛」を使用。照明に稲妻マークのテープが付けられている。

N

scale=1/70

京都に浸る銭湯

京都には「古さと新しさが混ざり合う町」というイメージがある。日本建築の講義で何度か京都に足を運んだことがあるが、趣深い寺社仏閣のある町並みにおしゃれなカフェやゲストハウスが馴染んでいる風景を見て、古くからある京都の町の上に新たな文化が重ね塗られ、水彩のように滲みあっていると感じた。そんな京都のイメージが凝縮された銭湯が、サウナの梅湯だと思う。

明治時代に京都・五条楽園で創業された梅湯は、穏やかに流れる高瀬川に面し、二階建ての町屋形式の建物に「サウナの梅湯」のネオンサインが特徴的だ。現在、梅湯を運営するのは湊三次郎さん、二十八歳。大学時代に銭湯の魅力に取り憑かれ、銭湯巡りのなかで多くの店が廃業していく現状を知り、二〇一五年より梅湯の経営に携わった。「消えゆく銭湯を少しでも残したい」という思いから、梅湯を銭湯経営の実験の場と考え、他の店にも実践できるような新しい試みを続けている。浴室でライブを行ったり、梅湯発信の銭湯ブランドを立ち上げたりと、明治以来の建物の中に新しいカルチャーが広がっている。

その雰囲気は梅湯の至るところから感じられる。たとえば、弁柄

色（赤茶色）の漆喰壁の玄関は、昔ながらのつくりであるが、映画や人気イラストレーターのポスターが貼られ、お風呂にまつわるおしゃれなグッズや古本が並べられている。また、関東ではあまり見慣れない色とりどりのタイルで構成された浴室には、昔ながらの広告入りの鏡があるが、実はその広告は新調されたばかりで、デザインされたロゴが並んでいた。

そんな「京都らしさ」を楽しみつつ熱々のサウナと水風呂に繰り返し入り、湯上がりにすっかりとろけたところで二階の案内が目に入った。二階は二〇一八年の夏にオープンしたばかりで、誰でも利用可能な休憩室とイベント用のスペース、また、梅湯常連さんによるタトゥーショップも開かれた。二階でも、変わらず意欲的な試みは続いているようだ。休憩室の木枠の窓は開け放たれており、窓に備え付けられている欄干に腰を下ろした。木々を揺らす生温かい夏の夜の風、高瀬川のせせらぎと浴室の桶の音、そして高瀬川にかかる石橋を自転車で渡って梅湯を訪れる学生らしき姿……。水風呂でとろけた体がさらに骨抜きになる趣ある風景もまた、梅湯で感じられる京都らしさの一つだろう。湯上がりの爽快感を楽しみつつ、梅湯の湯船で京都にたっぷり浸った体がこのまま夜に溶けていきそうな心地よさを感じた。

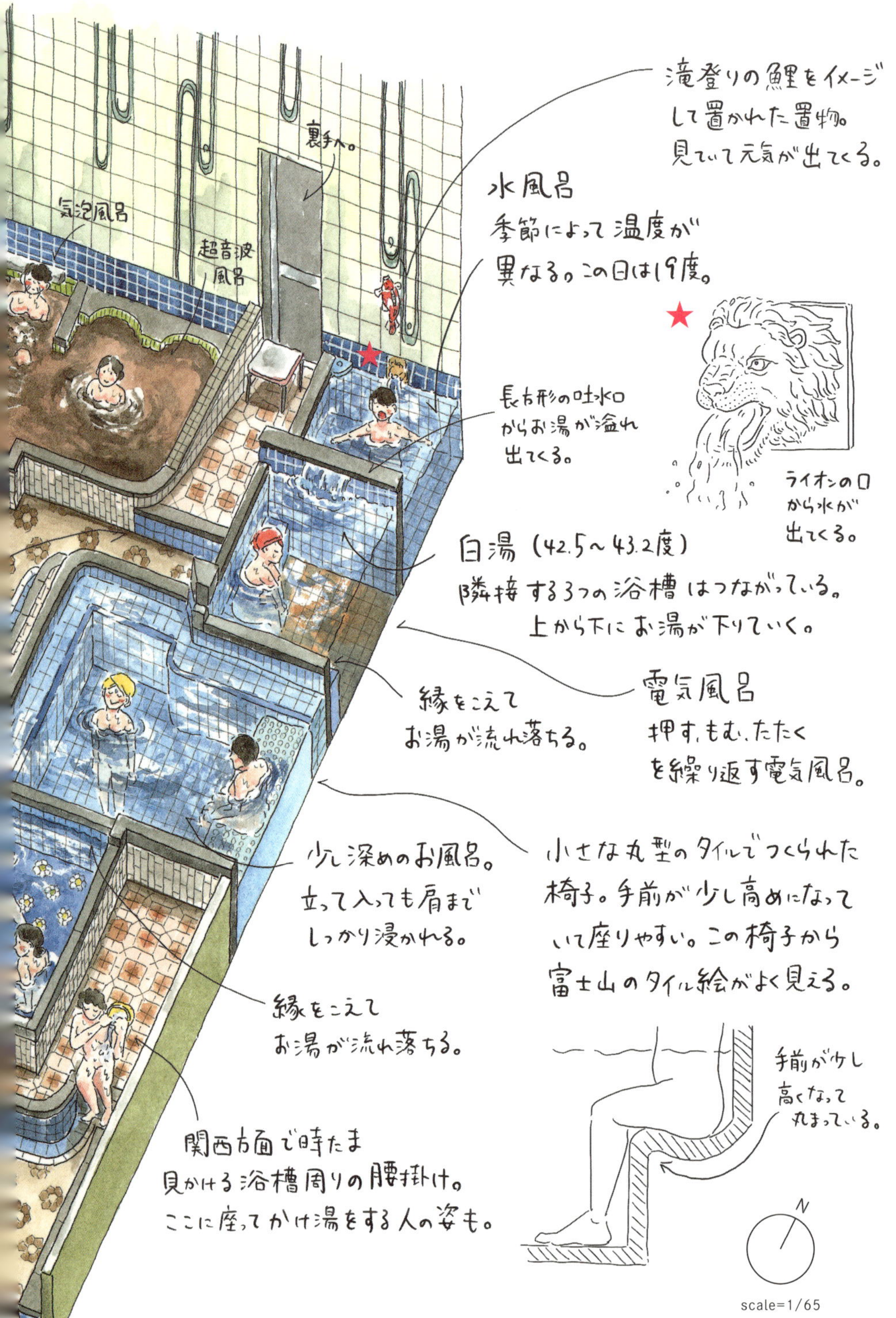
滝登りの鯉をイメージして置かれた置物。見ていて元気が出てくる。
裏手へ。
気泡風呂
超音波風呂
水風呂
季節によって温度が異なる。この日は19度。
長方形の吐水口からお湯が溢れ出てくる。
ライオンの口から水が出てくる。
白湯（42.5〜43.2度）
隣接する3つの浴槽はつながっている。上から下にお湯が下りていく。
縁をこえてお湯が流れ落ちる。
電気風呂
押す、もむ、たたくを繰り返す電気風呂。
小さな丸型のタイルでつくられた椅子。手前が少し高めになっていて座りやすい。この椅子から富士山のタイル絵がよく見える。
少し深めのお風呂。立って入っても肩までしっかり浸かれる。
縁をこえてお湯が流れ落ちる。
関西方面で時たま見かける浴槽周りの腰掛け。ここに座ってかけ湯をする人の姿も。
手前が少し高くなって丸まっている。
N
scale=1/65

14

マニアが焦がれる銭湯

三重・伊賀

昭和レトロ温泉 一乃湯　女湯

昭和レトロの世界観と色とりどりのポップな浴室が魅力。多くの銭湯マニアがおすすめする一乃湯は、銭湯好きならいつかは行きたい。

薬湯（42度）
季節によって入浴剤が異なる。
寒い季節は「温浴素じっこう」を使用。
ちょっとぬるめでのんびり入れる。

ここからお湯が出てくる。

富士山と海の景色が描かれたタイル絵。

一乃湯は浴室のタイルの種類が豊富！腰掛けの側面のタイルにはよく見ると動物や薔薇の絵が描かれている。

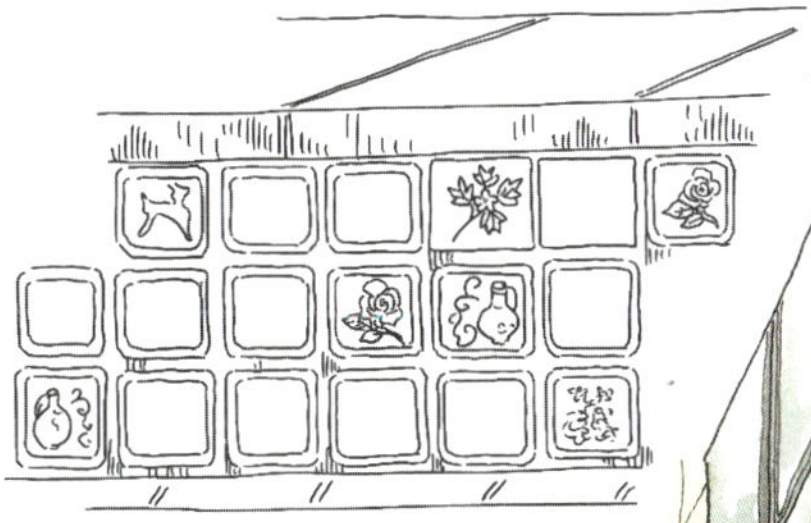

こちらの浴槽はちょっと浅め。
底に花柄に置かれた六角形のタイルが可愛い！

脱衣所からの入り口がまた美しい！アールヌーボーを思わせる有機的な細工にうっとりする。

この裏手に小さな洗面台があり、桶と椅子が積み重ねられている。

脱衣所へ。

マニアが焦がれる銭湯

銭湯マニアにオススメの銭湯を聞くと、多くの人が複数の銭湯を挙げるが、そのなかによく出てくるのが、三重にある一乃湯だ。三重県の伊賀。伊賀線のワンマン列車を茅町《かやまち》駅で降りて、「一乃湯まで二六八歩」の看板を頼りに歩いていくと、ピンク色に妖しく輝く「一乃湯」のネオンサインが見えてくる。石柱の門に掲げられたネオンサインの背後には、瓦葺き屋根に木造の銭湯建築が。レトロ感漂う銭湯と洗練された現代アートの雰囲気を醸し出す看板が重なる光景に、興奮を隠せない。綺麗に見える角度を探して何枚か写真を撮り、ワクワクしながら大きな暖簾をくぐって店内へ。

入るとすぐに番台があり、その先に男女分かれた脱衣所がある。ゴザが床に敷かれた昔ながらの銭湯らしい脱衣所の中に、昭和感溢れるポスターとモダンな家具が置かれ、BGMは昭和歌謡と、徹底されたレトロな世界観に圧倒される。フロント前には一乃湯特製の手ぬぐいや下駄、無添加の石鹸の切り売り、ビスケットやジェラートが並べられており、細かな気配りに感激する。思わず脱衣所でゆっくりしたい気持ちを堪えて浴室へ。

東京では奥に湯船があるのが一般的だが、一乃湯は男女の仕切り

壁に沿って複数の湯船が配置される構成。色とりどりのポップなタイルがふんだんに使われ、鯉が滝を登っているような飾り物まであって可愛らしい雰囲気。深めの湯船や足を伸ばせる浅めの湯船などさまざまな湯船の往復が楽しい。一番深く大きい浴槽内の段差部分に腰掛けると、目の前に富士山のタイル絵。これは狙ってここに描いたんだな、とちょっとした特別席にいるような優越感がある。

お風呂をたっぷり楽しんだ後は、ご主人の中森さんとお話しする時間をいただいた。中森さんとのお話のなかで印象に残ったのは、「楽しいことを追求することが大切」ということ。一乃湯の細部まで徹底された雰囲気づくりや、フロント前の小物、一乃湯のガレージで行っているというお祭りなどは、入浴客の数を増やすためという考えではなく、中森さんの楽しいという気持ちを大切にしてのことなのだ。そんな中森さんの遊び心が溢れているからこそ、多くの銭湯マニアに一乃湯は愛されている。三重県の中の、ワンマン列車に乗った先にある隠れ里とも言える伊賀へのアクセスは決していいとは言えないが、それでも何度でも足を運びたくなる、銭湯マニアの心を掴んで離さない魅力溢れる銭湯だ。

column 2

交互浴やサウナのすすめ

銭湯通いが趣味になってくると、多くの銭湯に足を運ぶようになり、さらに銭湯での過ごし方にも凝り始めるようになるだろう。そんなときにおすすめしたいのが交互浴だ。

交互浴とはあつ湯と水風呂を交互に入る入浴法。あつ湯で広がった血管が水風呂で収縮し、何度も繰り返すことで、ポンプのようになった血管が血液を全身に押し流すのだ。血行促進効果により疲労回復や肩こりが改善される入り方だが、何より実感できるのはストレスへの効果。休職時代、家で鬱々としていたときに交互浴を試してみると、だるさを感じていた体が驚くほど軽くなり、重い塊を抱えていたような胸もふっと楽になったのだ。何度も重ねるうちに少しずつ鬱っぽい感情は小さくなり、どんどん前向きになった。そこからよりいっそう銭湯に熱中するようになった。銭湯に行ったらぜひ一度は試してほしいと思う。

とは言っても、水風呂に入るのが怖いと思う人も少なくないだろう。確かに最初に入るときは勇気が必要かもしれないが、初めは、しっかりとお湯で温まってから手足を水風呂につけるだけでいい。それだけでも

しっかり冷えるし、少しでも効果を感じて「またやりたい！」と思えることが肝心だ。

交互浴に少し慣れてきたら、あつ湯でしっかり温まってから、水風呂に自分が心地よいと思えるまで入り、その後ぬるめのお湯か、椅子で休憩の時間をとるとい い。水風呂で収縮した血管が、ぬる湯や休憩でゆっくり開いていく感覚がとてつもなく心地よいのだ。あつ湯と水風呂だけ往復している人も多いが、この感覚が交互浴で一番楽しいと思うので、ぜひ試してほしい。このセットを二～四回ほど続ければ、ちょっとした体の変化を感じるようになるだろう。しかし、交互浴は体に負担をかけやすい入浴法でもあるので、心臓疾患のある方や体調不良の方は避けたほうがいい。その日の自分の体調と十分に相談しながらゆっくり試していくのがよい。

交互浴の効果をだいぶ感じるようになったら、サウナもいい。サウナも交互浴と同じ原理で、サウナ室でしっかり温まってから水風呂に入り、休憩（露天があれば外気浴がオススメ）のルーチンを二～四回ほど続ける。それぞれ何分ずつなどという決まりはないが、私は額から出た汗が顎から滴《したた》り落ちるまでサウナ室に入り、水風呂は喉奥に冷気を感じるまで入っている。このあたりも各人で心地よい入り方があるので、自分のスタイルを探してみるのも楽しい。サウナの場合、施設によってサウナ室の様相が大きく異なる。びっくりするほど熱いものもあるし、ぬるめだけど湿度が高いものもある。さらに、熱した石に水をかけて水蒸気を発生させるロウリュや、タオルで熱風を送るアウフグースなどのサービスもあるので、サウナも極めていくとさまざまな楽しみ方ができるのだ。

交互浴、サウナを知ってからどんどん銭湯での滞在時間が長くなり、その楽しさを感じるごとに銭湯への愛着も深まっていった。しかし、これらの入り方も銭湯の楽しみ方の一つに過ぎないので、それぞれ自分のベストな銭湯での過ごし方を見つけ出してみてほしい。

ジュワ
ロウリュ
熱した石に水をかけて水蒸気を発生させること。体感温度が上がり、汗がダラダラ出る!!
水(アロマをまぜることも)
サウナストーブで熱した石
サウナハット
熱い風
タオル
アウフグース
サウナ内でバスタオル等を振り、熱い風を入浴者に送るパフォーマンス。ドイツが発祥!!

第3章
銭湯を極める

マニアックコース

銭湯道を極めたい。
すべて行ったらあなたも銭湯マニア！
めくるめく濃厚銭湯5選。

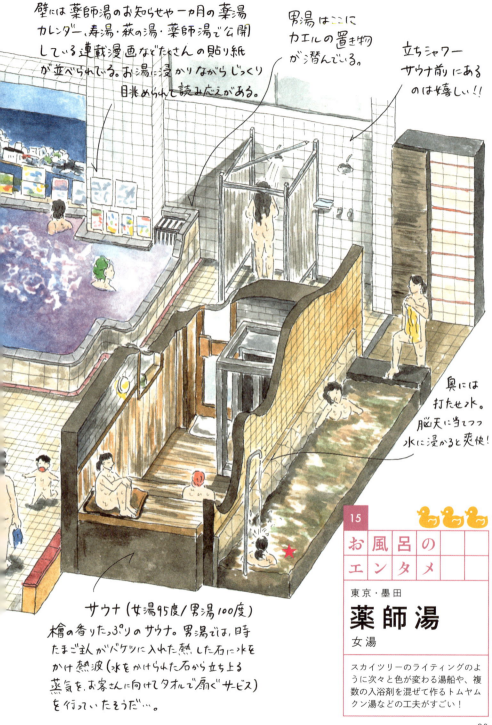

15

お風呂のエンタメ

東京・墨田

薬師湯

女湯

スカイツリーのライティングのように次々と色が変わる湯船や、複数の入浴剤を混ぜて作るトムヤムクン湯などの工夫がすごい！

N
scale=1/55
地中海の街を描いたタイル絵。
この絵柄にしたのは、ご主人の
お母様の趣味とのこと。
薬湯（42〜42.5度）
毎日来ても飽きないようにと、ユニーク
な薬湯を日替わりで実施中！この日は
スカイツリーのさまざまな色に
変化するライティングを模した
タワー風呂。
薄緑→青→紫→白と
次々に色が変わっていく！
ジェットバス。隣の
浴槽と繋がっている
ので薬湯を
楽しめる。
この3つは
手持ち
シャワー。
備え付けのシャンプー、
ボディソープもあり！
裏手へ。
★水風呂（18〜22度）
井戸水を利用した
水風呂。浴槽の
タイルが茶色なので
水が茶緑っぽく
見える。
床に座って体を
洗う方も多い。
こちらの壁にはヨーロッパ
のお城を描いた壁画が。

お風呂のエンタメ

銭湯図解を何枚も描いていくうちに「凝ったお湯の色を描きたい」と思った。銭湯図解は透明水彩絵の具を用いて着彩しているが、お湯の揺らぎや湯船のグラデーションの色味を表現するのに水彩特有の滲みはぴったりなのだ。その特徴をもっと活かしたいと思ったとき、押上の薬師湯が頭に浮かんだ。薬師湯は東武伊勢崎線とうきょうスカイツリー駅から徒歩二分。スカイツリーが目と鼻の先にあり、首を限界まで上げないと全貌が把握できないほど近い。

　富士山が描かれたシャッターを開けてもらい、開店前に特別にお目当てのお湯を見せていただいた。浴槽の前で数分待っていると、吐水口から真っ青なお湯が次から次へと流れてきた。薄く緑がかった湯船の色が瞬く間に爽やかな青で染まる。興奮しつつ写真を撮っていると、じゃあ次行きますね！　と消えるご主人。次は何が起きるのかとワクワクしていると、濃い紫色のお湯が出てきた。トロトロと全体に染み渡り、真っ青のお湯は渋い紫色に変わっていく。そしてまた数分して白いお湯が入り、薄い紫色の湯船がついには白い湯船へと変化した。

　この次から次へと湯船の色が変わるお湯は「タワー風呂」と名付けられている。さまざまな色合いでライティングされるス

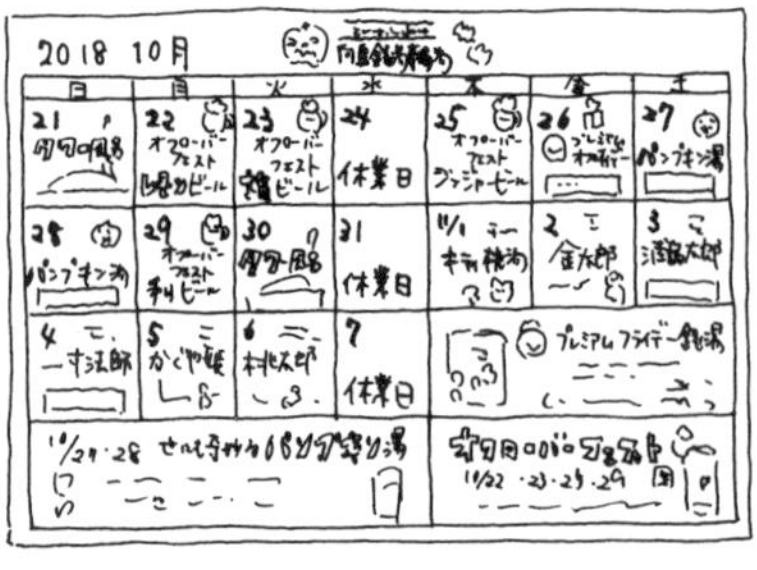

カイツリーの色を、三種類の入浴剤を時間をおいて濾過機に流すことによって、お湯で再現している。薬師湯では他にもパンプキン湯やボジョレー・ヌー風呂ーなどユニークなお風呂を実施しており、その中でも一番手がかかっているのはトムヤムクン湯。ココナッツ、ミルク、唐辛子、生姜、生レモングラス、生パクチーと複数の入浴剤を混ぜており、薬湯の概念を崩すような試みを行っている。

お風呂の他にも、プロレス好きなご主人自ら「ヤクシカラス」の名でプロレスをやってみたり、サウナ室でロウリュサービスを行ったり、野球のチームを模したお湯を作ってみたりと、「お客さんを楽しませたい」という思いだけでなく自分の楽しさも忘れずに追求しているご主人の姿に胸を打たれた。

取材を終え、実際にお湯に入ってみた。お風呂ももちろん楽しいが、サウナも真新しくて心地よく、水風呂は打たせ水があって気持ちいい。浴槽の壁に貼られた一ヵ月の薬湯カレンダーには個性豊かなお風呂の予定がびっしり書かれており、次はどの日に来ようかなぁとワクワクした。爽やかな心地で家に帰ろうと番台の方に一言声をかけると、お土産に入浴剤をいただいた。最後まで入浴剤！　と思わず笑ってお店を後にした。

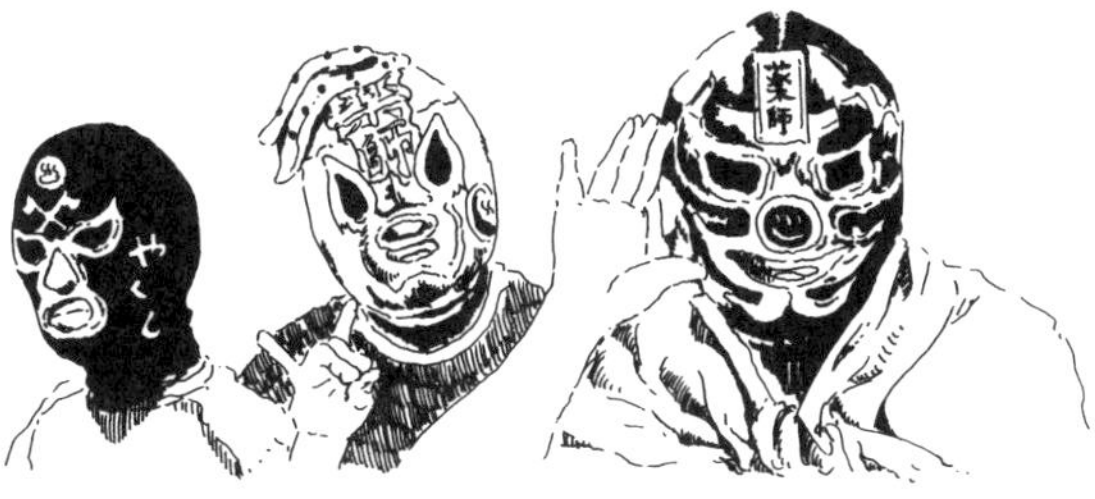

16

昭和を味わう銭湯

東京・蒲田

蒲田温泉

女湯

赤いアーチをくぐった瞬間から昭和にタイムスリップ。黒湯温泉での常連さんとの会話や、赤絨毯の宴会場で昭和風情を楽しもう。

scale=1/50
開店早々に入ると窓から新鮮な光が入ってきて朝湯がますます爽快になる。
洗い場の前に椅子を並べておしゃべりする方も。和やかな光景。
水風呂（18度前後）
チラー（冷却装置）あり。2人でいっぱいの最小サイズが落ち着く。
サウナ（95度）
乾燥してアッアッのサウナ。サウナは無料だけど、バスタオルの着用が必要。
入り口付近でのんびり休む人も。
コンパクトな浴室だけどカランの数は多め。女湯だけでなんと31個ある！
脱衣所へ。
カラン上部には備え付けのシャンプー、ボディソープあり！

昭和を味わう銭湯

ＪＲ蒲田駅を降りて南方面へ。子供たちが庭で和気藹々《あいあい》と遊ぶ団地を横目に住宅街を進んでいくと、赤く光るアーチが突然現れる。丸ゴシック体の蒲田温泉の文字の間に、ライオンのキャラクターが笑顔で片手を上げている。入り口のベンチでは常連らしいおじいちゃんが夕涼みをしていた。店内に入るとロビーがあり、床一面に赤い絨毯が敷かれている。フロントの正面にはタオルやオリジナルＴシャツが並んだ大きなガラスケースが置かれ、ガラスブロックの壁に囲まれた待合室では、お風呂上がりのおじいちゃんが首に巻いた手ぬぐいで汗を拭っている。まるでひと昔前の地方の温泉街に来たような、昭和情緒が溢れる風景だ。

受付で手ぶらセットをもらい、浴室へ。長細い構造の浴室では、常連さん同士で背中を洗いっこしたり、洗い場で椅子に腰掛けながらおしゃべりをしている。浴室の奥側には、超音波風呂と電気風呂、そして名物の黒湯と、浴槽が二つ並んでいる。あつ湯の黒湯に入ると、ピリピリくる熱さだがとろみのある湯が肌を包む感触があり心地よい。水風呂を挟みつつ、温度が高めで湿度が低いカンカンカラカラのサウナを楽しんだ後は、二階へ。

実は蒲田温泉の二階は宴会場になっている。広々とした宴会場にも赤絨毯が敷かれ、長細の座卓が何台か並び、その奥には幅広い舞台。舞台の背景には桜の木が描かれ、舞台の脇に臙脂《えんじ》色のカーテンがまとめられている。舞台にはカラオケの設備もあり、おばあちゃんが直立不動で演歌を歌い、すっかり酔っ払っているおじいちゃんがその様子を見守っている。受付で貸し出している浴衣を着てごろ寝している人もいて、とても二十一世紀の都内で繰り広げられているとは思えない光景だ。

待ち合わせていた友人たちと、演歌をBGMに生ビールで乾杯。名物の釜飯や、汐《しお》焼きそばも絶品で、お風呂上がりのビールも美味しくどんどん進む。お酒を飲みつつ、自分たちもカラオケを歌いたくなるが、常連さんが変わらずマイクを握っている。その合間に自分たちの曲を予約し、常連さんと順番で歌うような形に。そして最後はなぜか常連さんと一緒にデュエットを歌うほど仲良くなっていた。夜遅くなってその日は解散した。アツアツの黒湯で常連さんとおしゃべりをして、ぽかぽかの体で昭和風情溢れる宴会場で乾杯。常連さんと互いに演歌を歌って、最後はデュエットもして大団円。それはとても現代とは思えない、蒲田温泉でしかできない楽しみだ。

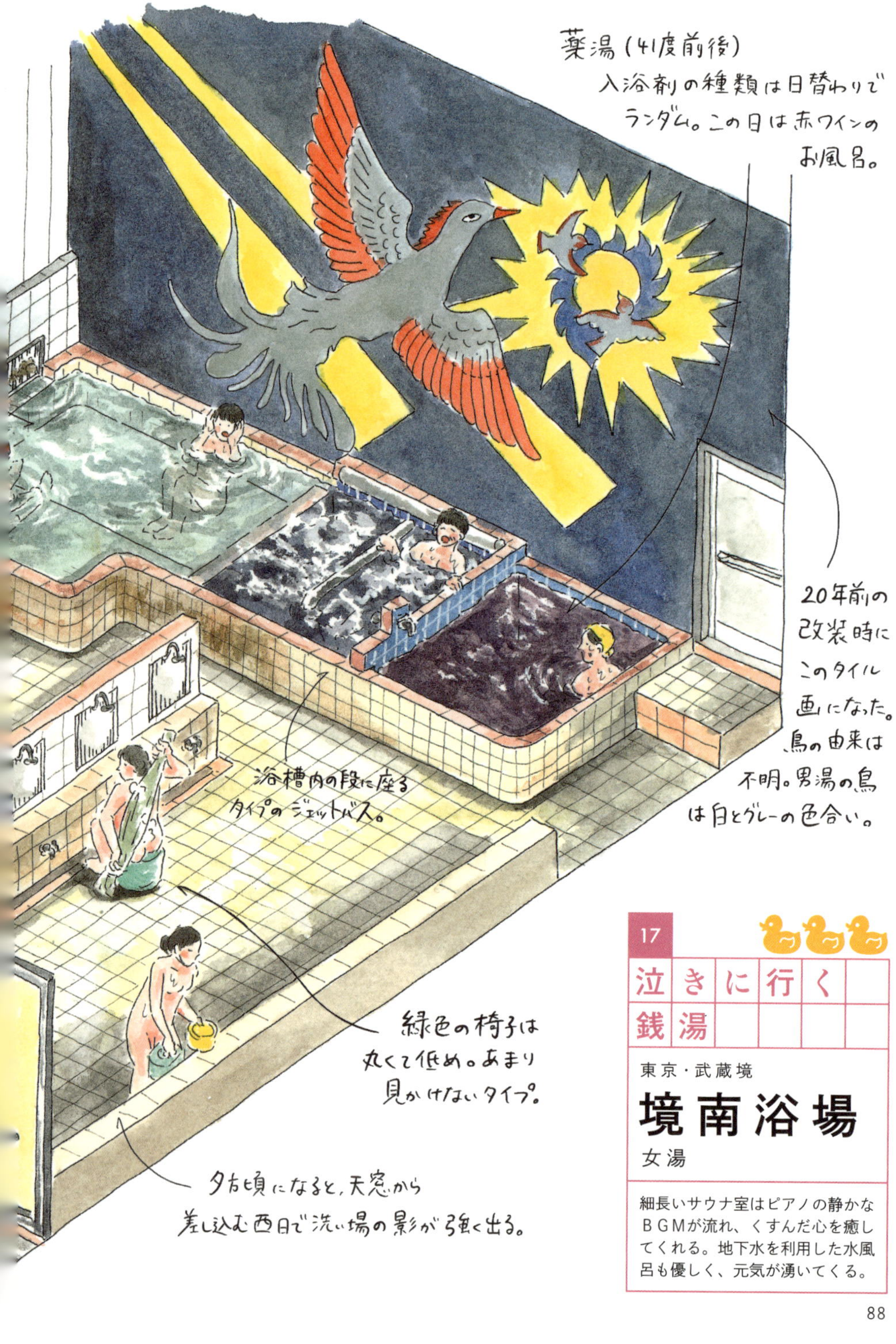

17

泣きに行く銭湯

東京・武蔵境

境南浴場

女湯

細長いサウナ室はピアノの静かなＢＧＭが流れ、くすんだ心を癒してくれる。地下水を利用した水風呂も優しく、元気が湧いてくる。

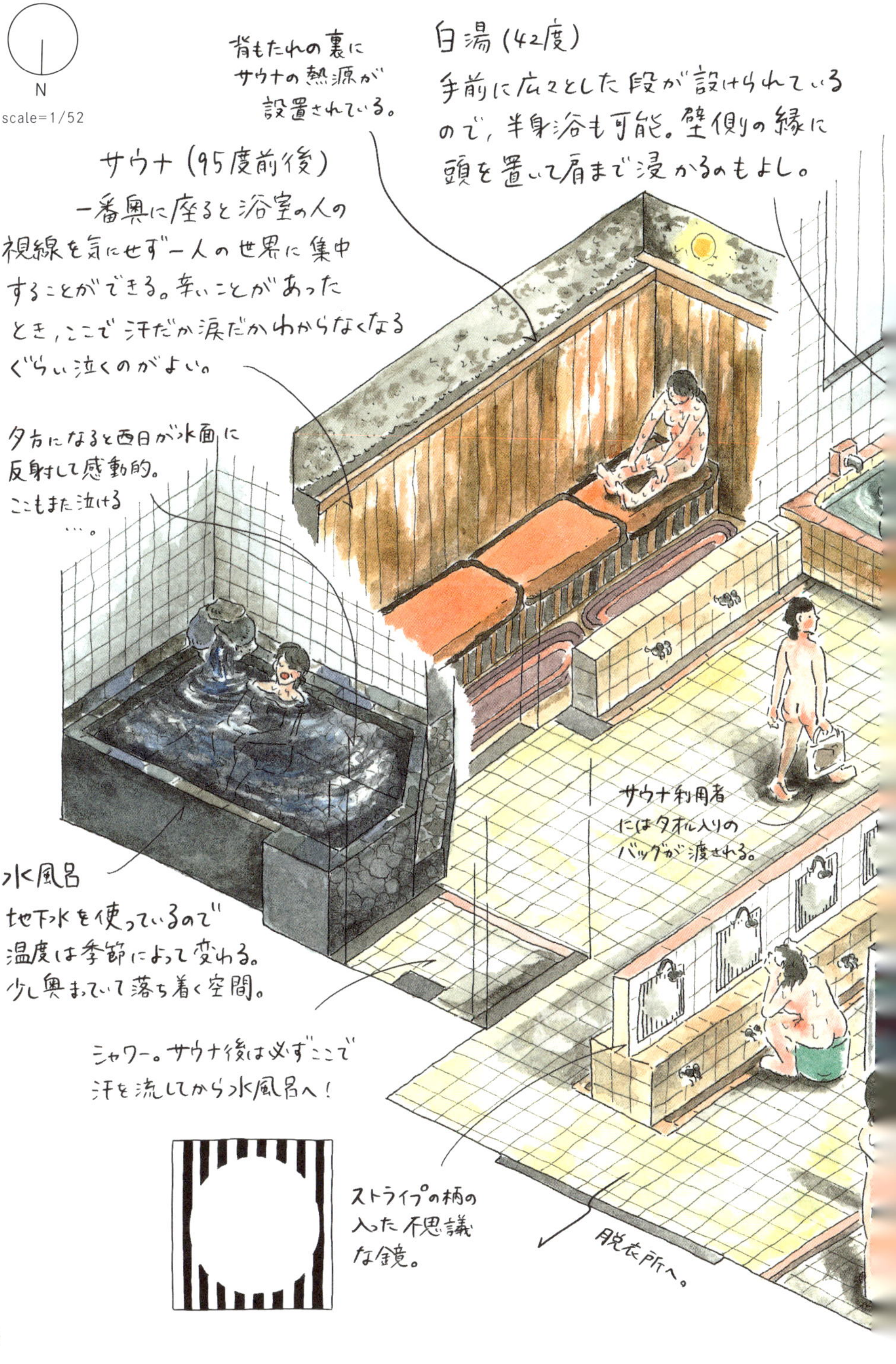
N
scale=1/52
背もたれの裏に
サウナの熱源が
設置されている。
白湯（42度）
手前に広々とした段が設けられているので、半身浴も可能。壁側の縁に頭を置いて肩まで浸かるのもよし。
サウナ（95度前後）
一番奥に座ると浴室の人の視線を気にせず一人の世界に集中することができる。辛いことがあったとき、ここで汗だか涙だかわからなくなるぐらい泣くのがよい。
夕方になると西日が水面に反射して感動的。ここもまた泣ける…。
サウナ利用者にはタオル入りのバッグが渡される。
水風呂
地下水を使っているので温度は季節によって変わる。少し奥まっていて落ち着く空間。
シャワー。サウナ後は必ずここで汗を流してから水風呂へ！
ストライプの柄の入った不思議な鏡。
脱衣所へ。

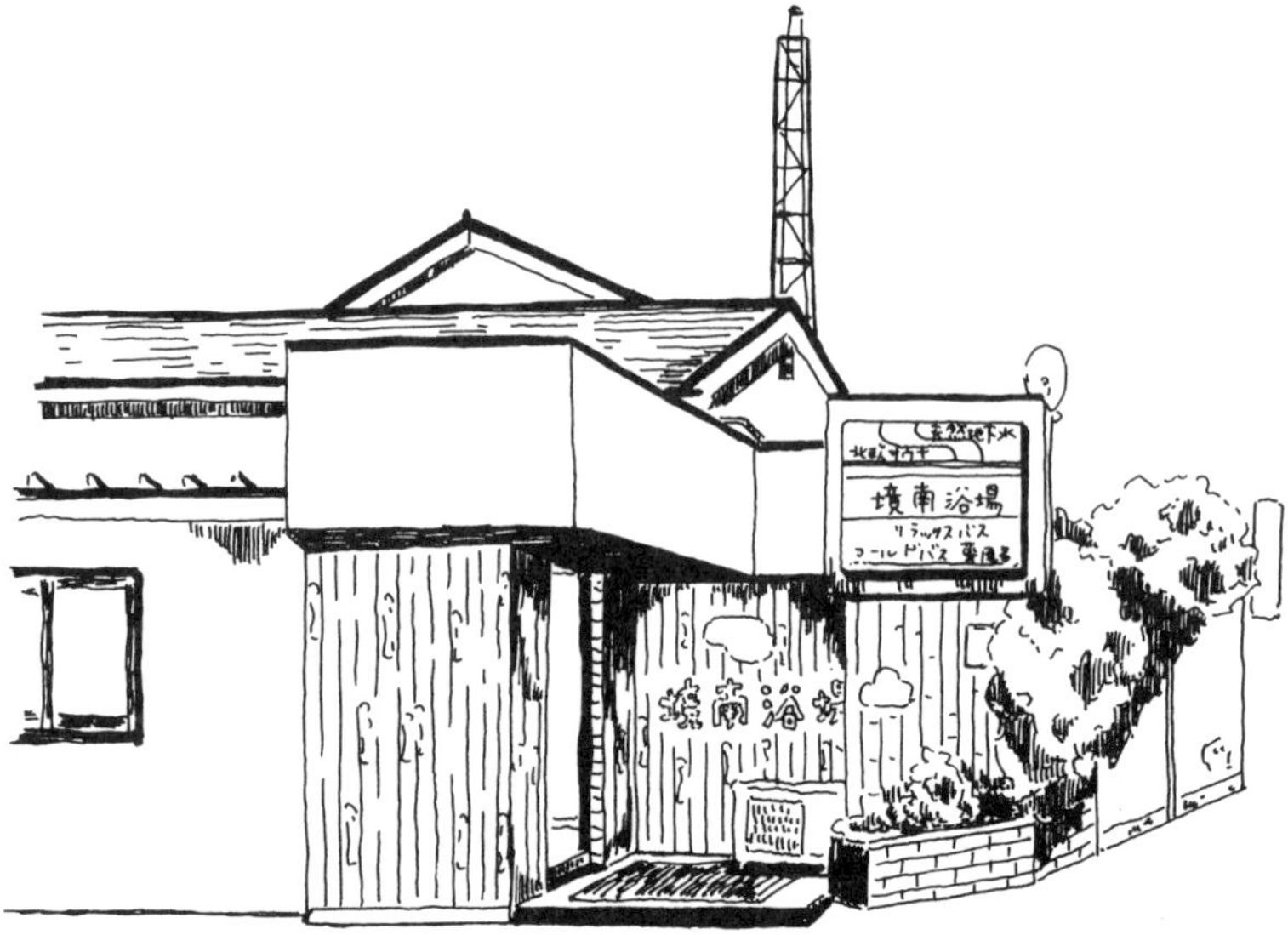

泣きに行く銭湯

泣きたくなると、行きたくなる銭湯がある。境南《きょうなん》浴場。JR武蔵境駅から徒歩五分、住宅街の真ん中にポツンと立つ細長い煙突と、玄関に下げられた「コミュニティセントウ」の看板が目印の銭湯だ。人前にずっと出ていたとき、低気圧で体調が悪いとき、怖いニュースを見たとき、友達と喧嘩したときなど、心が疲れて泣きたくなってしまったとき、私は必ずこの銭湯に行く。

十六時の開店時間。すでに並んでいた常連さんとともに中に入り、番台さんに入浴券とサウナ利用代の二百円を渡す。サウナ用のロッカーキーとバスタオル入りの防水バッグをもらって脱衣所へ。心が疲れているからか着替えるのもなんだか億劫だ。重い足取りで浴室に入る。浴室の奥には、鳳凰《ほうおう》のような大きな鳥が描かれた壁画。二つの浴槽が並び、手前にはカラン、左手にはサウナと水風呂。お年寄りの方が多く、どことなく静けさがある浴室だ。

カランの前に椅子を置いて、シャワーをしばし流しっぱなしにして脱力。水が髪から滴り落ちるのを見て、どっと疲れが出た。軽く体を洗って、サウナ室へ。女湯のサウナ室は縦長の構成で、椅子は一段。椅子の背もたれの裏にサウナの熱源が設置されている。壁に

囲まれた一番奥に腰をかけ、足を伸ばしてうなだれる。誰もいないサウナ室、ささやかなピアノのＢＧＭ、優しいけれど体の芯まで温まるサウナの温度が、疲れた心を解きほぐしてくれる。静かに涙が溢れた。サウナの空間や、音や、温度が、自分を許してくれているようで、胸の奥まで染みる。

ひとしきり泣いて、額から流れる汗と涙の区別がつかなくなったところで汗を流して水風呂へ。水風呂は奥まったスペースにあり、左右を壁に囲まれていて、安心感がある。地下水をかけ流している水風呂は柔らかで、冷たすぎず、包み込まれているような感覚だ。男湯側の窓から差し込む光が水面に反射してゆらゆら揺れているのが美しく胸に染みて、また少し泣けた。水風呂から出て、カランの前で一休みをする頃にはもう、胸に留《とど》まっていた重い塊はどこかへ行ってしまった。

地下水を薪で温めた白湯と日替わりの薬湯を楽しみ、お気に入りのタオルで体を拭いて、いつもより明るめのメイクをして外に出た。「ありがとうございました」。番台さんにタオルを返すときに思わず一言。境南浴場に来るまでの重い足取りとは打って変わって、スキップでもしたくなるほど体は軽い。問題はまだ何も解決していないかもしれないけれど、なんとかなるような気がした。

電気風呂(42~43度)
ピリリとくる電気風呂。女湯では浴槽の縁に腰掛けてミストサウナを楽しむ人の姿も。
このパイプからミストが出てくる。
ミストサウナ
浴槽の周りを仕切りで囲い、壁上部のパイプからミストを発生させている。お湯に入りながらミストサウナを味わえる面白い仕掛けだ。
金閣寺と清水寺と京都の山々の景色が描かれるタイル画。
青いドアからミストサウナに入る。
シャワーブース
若い人は手持ちシャワーが慣れているだろうという配慮から、固定シャワーを手持ちシャワーに変えたそうだ。
脱衣所へ。
男湯のサウナは浴室の外にある。以前経営していた釣り堀を改装してサウナと休憩室をつくったそうだ。
N
scale=1/55

18

代々木上原の異世界

東京・代々木上原

大黒湯

男湯

代々木上原のオシャレな道の裏手には、洗濯機が並ぶ昭和風情たっぷりの小道。異世界のような銭湯に滲む人情に心も体も温められる。

ジェットバス（42〜43度）
手すりで3つに区切られている。座るタイプのジェットバス。
湯船の中にLEDが！
先代のアイデアで、湯船には暖色のLED、水風呂には寒色のLEDが設置されている。
アルプス地方の風景を描いたようなタイル画。虹がポップで可愛らしい。
上部に取り付けられたパイプから水が出てくる打たせ水。脳天に直撃させるとスッキリした気持ちよさがある。
水風呂（20度前後）
地下水を利用しているが、黒いタイルの浴槽なので、黒く見える。
水風呂
サウナ脇にも水風呂が完備。こちらの打たせ水はなんとダブル！
少し高めなので足置きが置かれている。
ここの浴槽は普通の浴槽に比べて縁がやや高めだ。
シャワー。水風呂前は必ずシャワーで汗を流そう。
サウナ（90〜100度）
少し暗めでめちゃくちゃ熱い！
カラカラ系のハードサウナだ。
サウナ入り口の文字が渋いのも魅力的。
SAUNA
サウナ
水風呂
男湯浴室
脱衣所
休憩室
フロント

代々木上原の異世界

小田急線代々木上原駅を降りて数分。おしゃれなカフェやアパレルショップの多い道から外れ、細い路地裏を歩いていくと、洗濯機が立ち並ぶ昭和情緒たっぷりな通路が突然現れる。透明なトタンの屋根がかけられただけの細長い道の両端に数台の洗濯機と乾燥機が置かれ、中央には小さな机とベンチ。壁には数十年前のポスターや、時間が経って黄色くなった数多くのサイン色紙、そしてなぜかボクシングのチケットも飾られている。通路の奥には「ゆ」と書かれたピンク色の暖簾が下げられており、ここが大黒湯の入り口だ。

男女分かれた出入り口から女湯側に入る。横長の脱衣所は右手にロッカーが並び、左手に鏡がある構成。やや狭めだが、お釜ドライヤー、二台のマッサージ機、ワンダーコア、ぶら下がり健康器などの器具が並び、壁には額に入れられた日本画調のイラスト、ポスター、サイン、置物、ぬいぐるみなどがところ狭しと飾られている。どこを見てもとにかく情報量が多く、圧倒されるばかりだ。

女湯の浴室は手前にカランがあり奥に浴槽、右手にサウナがある構成。奥に見える緑色の半透明の仕切りに囲まれた部屋はミストサウナだ。電気風呂が入った深めの浴槽があり、壁につけられたパイ

プからミストが常に放出されて、お湯に入りながらサウナを味わえる仕組みだ。ミストサウナの隣のジェットバスには浴槽内にＬＥＤが設置されており、水面が妖しく赤く光っている。その隣には水風呂。こちらは青いＬＥＤで、上部に取り付けられたパイプから常に水が放出されて打たせ水のようだ。

サウナ室は小さめのつくりで椅子は二段。シンプルだがしっかり汗をかける熱さで、その熱さを楽しんでいると一段目でおしゃべりをしていた二人の女性から話しかけられた。お二人と、開店直後に見かけるおばさんの話や、渋谷区の銭湯の話などで、初対面とは思えないほど盛り上がった。初対面の人と素裸でおしゃべりをするという、銭湯でしかありえない経験もまた、銭湯の魅力の一つだ。

代々木上原の大黒湯は、その情報量の多さに圧倒されながらも、人との会話から人情味を感じられるのが最大の魅力だろう。訪れるたびに常連さんから優しく声をかけられることが多く、また、お風呂の中の創意工夫などからは大黒湯のお客さんを思う気持ちが想像できて、そこに温かさを感じられるのだ。さっぱりした心地で、外に出るとそこはもう代々木上原らしいおしゃれな風景。なんだか夢でも見ていたようだが、また心寂しいときにはこの銭湯に迷い込みに来るのだろう。

19

銭湯界のエデン

千葉・習志野

クアパレス

女湯

ヴェルサイユ宮殿を思わせるファンシーな世界観。派手さに目を奪われがちだが、お風呂のクオリティ、気配りも満点で、まさに楽園。

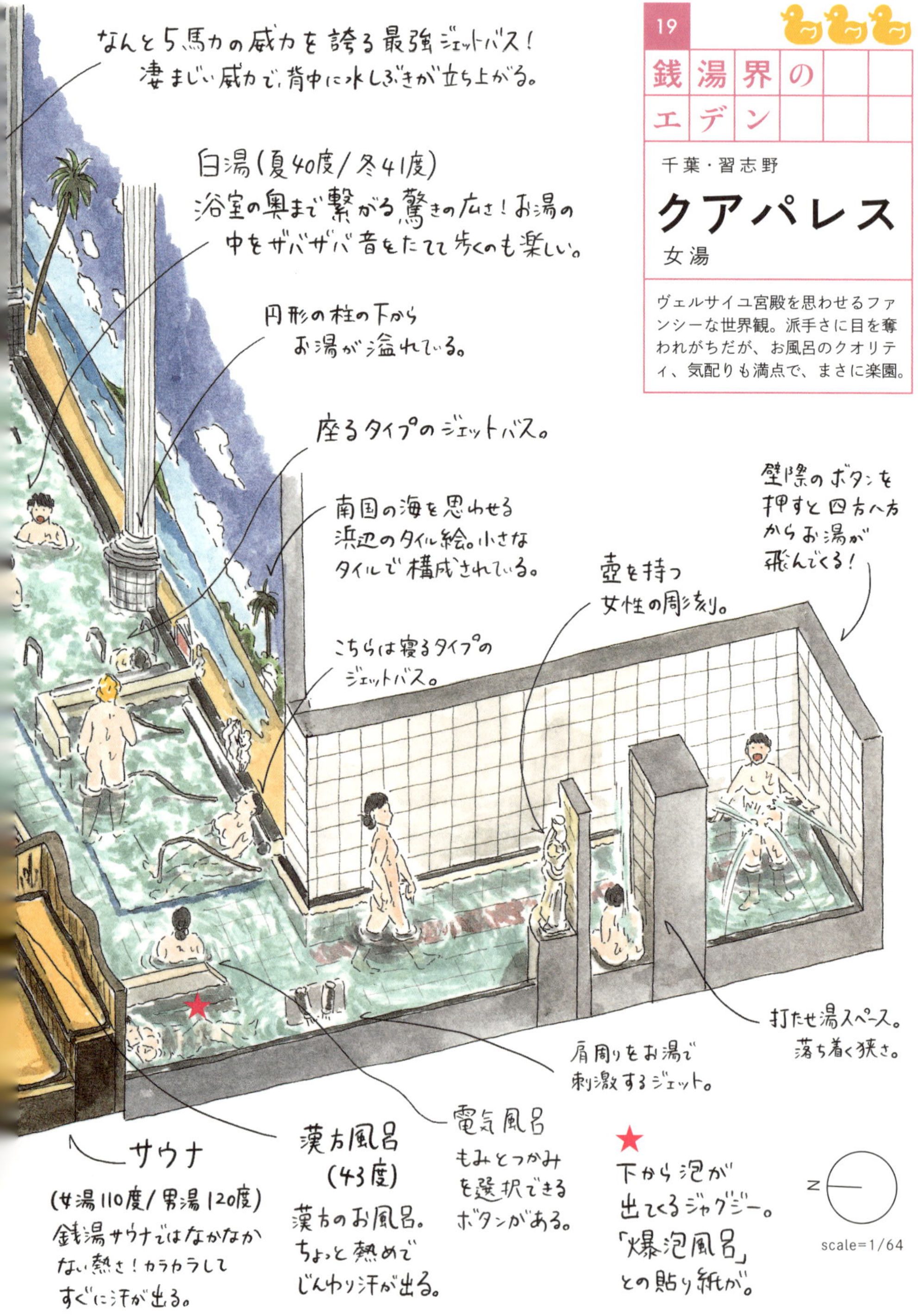

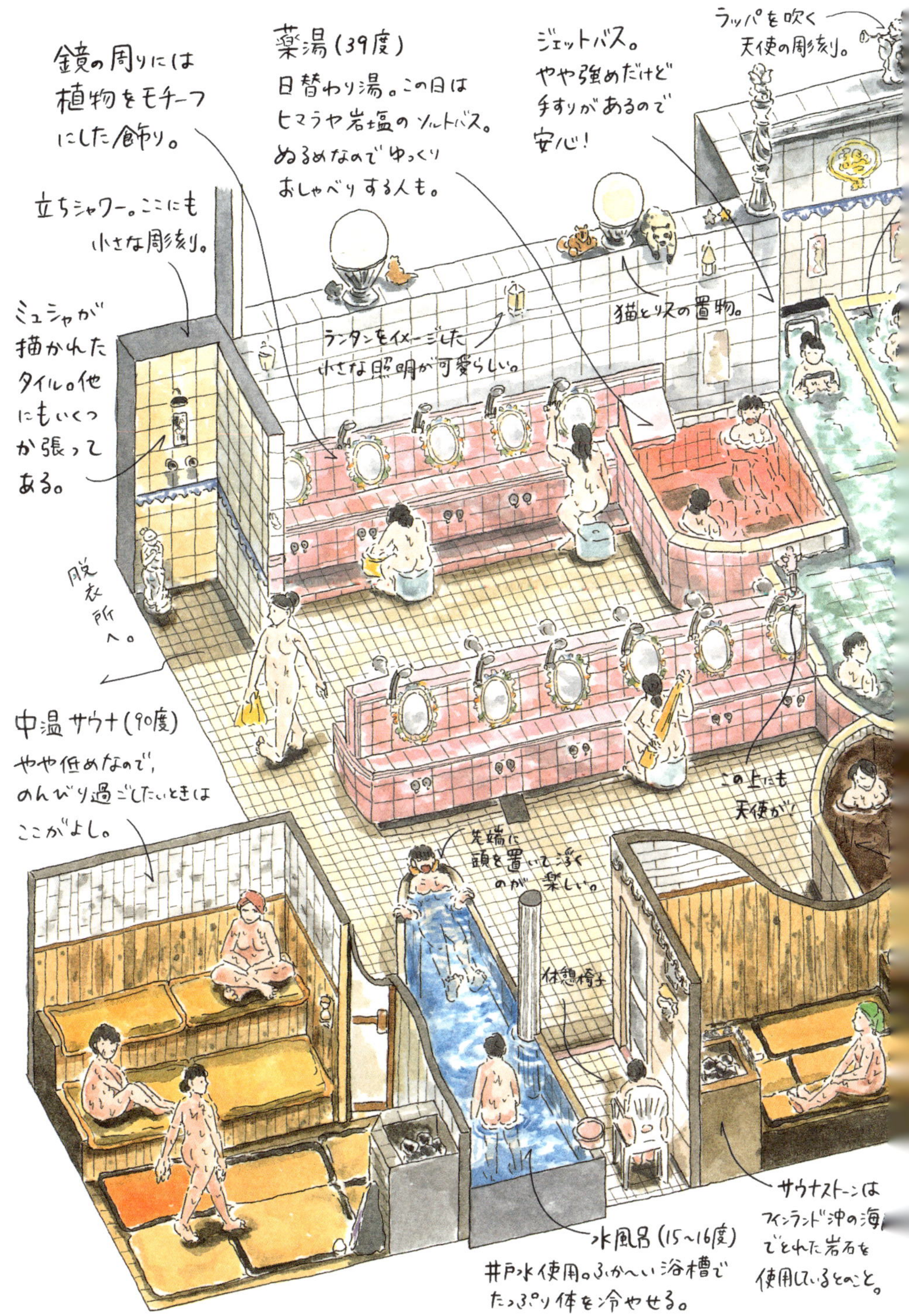

鏡の周りには植物をモチーフにした飾り。

薬湯(39度)

日替わり湯。この日はヒマラヤ岩塩のソルトバス。ぬるめなのでゆっくりおしゃべりする人も。

ジェットバス。やや強めだけど手すりがあるので安心!

ラッパを吹く天使の彫刻。

立ちシャワー。ここにも小さな彫刻。

ミュシャが描かれたタイル。他にもいくつか張ってある。

ランタンをイメージした小さな照明が可愛らしい。

猫とリスの置物。

脱衣所へ。

中温サウナ(90度)

やや低めなので、のんびり過ごしたいときはここがよし。

先端に頭を置いて浮くのが楽しい。

この上にも天使が!

休憩椅子
水風呂(15~16度)

井戸水使用。ふかーい浴槽でたっぷり体を冷やせる。

サウナストーンはフィンランド沖の海でとれた岩石を使用しているとのこと。

銭湯界のエデン

団地が続くのどかな風景を歩いた先に白い彫刻が並び、ピンクの装飾があしらわれた建物が現れる。とても銭湯とは思えない建物だが、ここは銭湯の「クアパレス」だ。ギリシャ風の柱のある入り口から中に入り、フロントに向かうと、小さいトイプードルがちょこんと座っていた。奥の女将さんに入浴代を手渡すと、その手をペロペロと舐めてくれる。印象派チックな絵画が飾られる廊下を抜けて女湯へ。

煌《きら》びやかなシャンデリア、パステルカラー調の壁紙、白の裸体像、蠟燭《ろうそく》を模した照明、ゴージャスなステンドグラスの天窓と、脱衣所もロココを思わせる絢爛な世界観で統一されている。その世界観の徹底ぶりには圧倒されるばかりだ。ロッカーに荷物を預け、浴室へ。装飾のある薄ピンク色の洗い場が三列並び、その奥には南国を思わせる海辺を描いたタイル絵が。

お風呂の種類の豊富さも驚きだ。薬湯、ジェットバス、ジャグジー、電気風呂、サウナ、中温サウナ。そして奥にはまだまだ続いていそうな通路が見える。ひざ下の高さにある湯船の中の通路を進んでいくと、奥の壁にハンドルと意味深に取り付けられたスイッチが。好奇心の赴くまま思い切りスイッチを押すと四方八方からお湯が飛んできた。お腹周りが刺激されて、ダ

イエット効果が期待できるかもしれない。
お次はタイル絵沿いにあるジェットバスへ。貼り紙に「5馬力」と書いてあり、おそるおそるスイッチを押す。ゴゴゴという小さな音がしたと思いきや、体が吹っ飛び目の前の手すりに押し付けられる形に。凄まじい強さのジェットバスだ。五馬力ジェットバスは人生で体験したなかで間違いなく最強だった。他にも中温サウナで映画を楽しんだり、薬湯でまったりしつつ、一癖も二癖もあるお風呂を全力で堪能した。
クアパレスは装飾の数々に目を奪われがちだが、すべてのお風呂のクオリティが並外れて高く、細かな気配りもあって銭湯としてもオススメだ。超強力なジェットバスや、浴室にテレビを三台も入れたり、シャワーヘッドが点灯するのも、ご主人ならではの遊び心であり、お客さんを第一に思うサービス精神なのだろう。脱衣所の奥には、まさにロココという細かく有機的な装飾で隅々まで飾られたパウダールームが。ひと席ずつ仕切りで分かれており、湯上がりにゆったり化粧をしたい女心を見透かされているようだ。ご主人の気遣いに改めて感服した。

column 3

銭湯という独自のコミュニティ

毎日寒くてやんなっちゃうわね〜〃
〃ね〜〃
体を洗いながら隣り合って話すことも。

銭湯に根付くコミュニティに触れるのも銭湯の面白さの一つだ。どの銭湯に行っても必ず出会うのが常連さん。どの時間にもいるが、開店時間が一番多く、年配の方が多い。女湯では、脱衣所の椅子や湯船の中でおばちゃんたちがおしゃべりに花を咲かせている姿を見かけることも多々ある。私はそんなおしゃべりに参加したり、たまたま目が合った人とお話しするのがすごく好きだ。サウナ室で流れているテレビの話題になんとなく乗っかったり、湯船で目が合ったときに会釈をして、「いつもここに来られているんですか？」と声をかける。そうすると「いつもいるわよ、十五年は通っている」「この銭湯は昔は池があって、鯉に餌をあげてたの」「新しい番頭さんが来てからこの銭湯はすごく変わったのよ」など、銭湯に通い詰めている人ならではの思いを垣間見ることができるのがとても楽しいのだ。たまに、その店に対する熱い思いも伺えて、銭湯に携わる一人としてグッとくることもある。

お互いにのぼせてきたら話を切り上げるので、短い時間にたくさんの話を伺えて、まるで立ち飲みでさまざまなテーブルを渡り歩いているような気分だ。これまで多くの人と話をしてきたが、本当にいろいろな人がいて、その人たちとその瞬間にしかできない会話を楽しむのも銭湯ならではの醍醐味だろう。

また、自分が常連になってその銭湯のコミュニティに参加するのもオススメだ。私はいつも同じ時間に小杉湯に入っているので、そこで毎日顔を合わせる人が何人もいる。会ったら「こんばんはぁ」と声をかけて、同じ湯に並びながら、「純情商店街に最近できた居酒屋、オープンセールでビールが十円らしいよ」とか「最近買ったこの泥パックがいいんだけど使う?」とか「しいたけ採ってきたから食べる?」など数分の会話をするのが日常だ。小杉湯に入ってすぐのころはなかなか声をかけることができなかったが、同じ時間に何度も入るうちに湯船で声をかけられるようになり、今ではこれが日常の風景になった。会話は本当にたわいないもので、ローカルな話題や知人の話が多いのだが、毎日同じ人の顔を見て話をするのが自分のリズムになっており、原稿執筆などで家にずっとこもっているときや、悲しいことがあったときなど自分の感覚がネガティブになっていても、その人たちと話すことでいつもの自分を取り戻すことができるのだ。

ときには隣の浴槽に入りながらも。
今日のこのお風呂いい匂いだわ
肌にもいいかも

常連さんとは毎日会話をする仲ではあるが、不思議なことに互いに名前も職業も知らない。普段着ている服すら知らないし、逆に町で出会うとなぜだか気恥ずかしかったりする。しかし、だからこそ裸同士で毎日会話ができるコミュニティが緩く心地よく感じられる。裸なら互いの年齢差や職業にかかわらず一人の人間として接することができて、浴室内だけの会話だから後腐れがない。だからといってその関係は薄くはなく、毎日会っているので緩いながらも頑丈な関係性なのだ。その関係性を心地よく感じられるのは、普段SNSを通して匿名性のあるコミュニティに慣れ親しんでいるからかもしれない。そんな独自のコミュニティに浸るのも、銭湯の面白さの一つだろう。

第４章
銭湯を味わう

人情味コース

この人に会いに、銭湯に行く。
店主の銭湯への思いを味わう、
ほっこり銭湯３選。

20

愛情につかる銭湯

愛知・名古屋

平田温泉

女湯

浴室の庭で育てたレモンを番台で出したり、お客さん同士で楽しめるシートパックを販売したり、至るところにご夫婦の愛情が滲む。

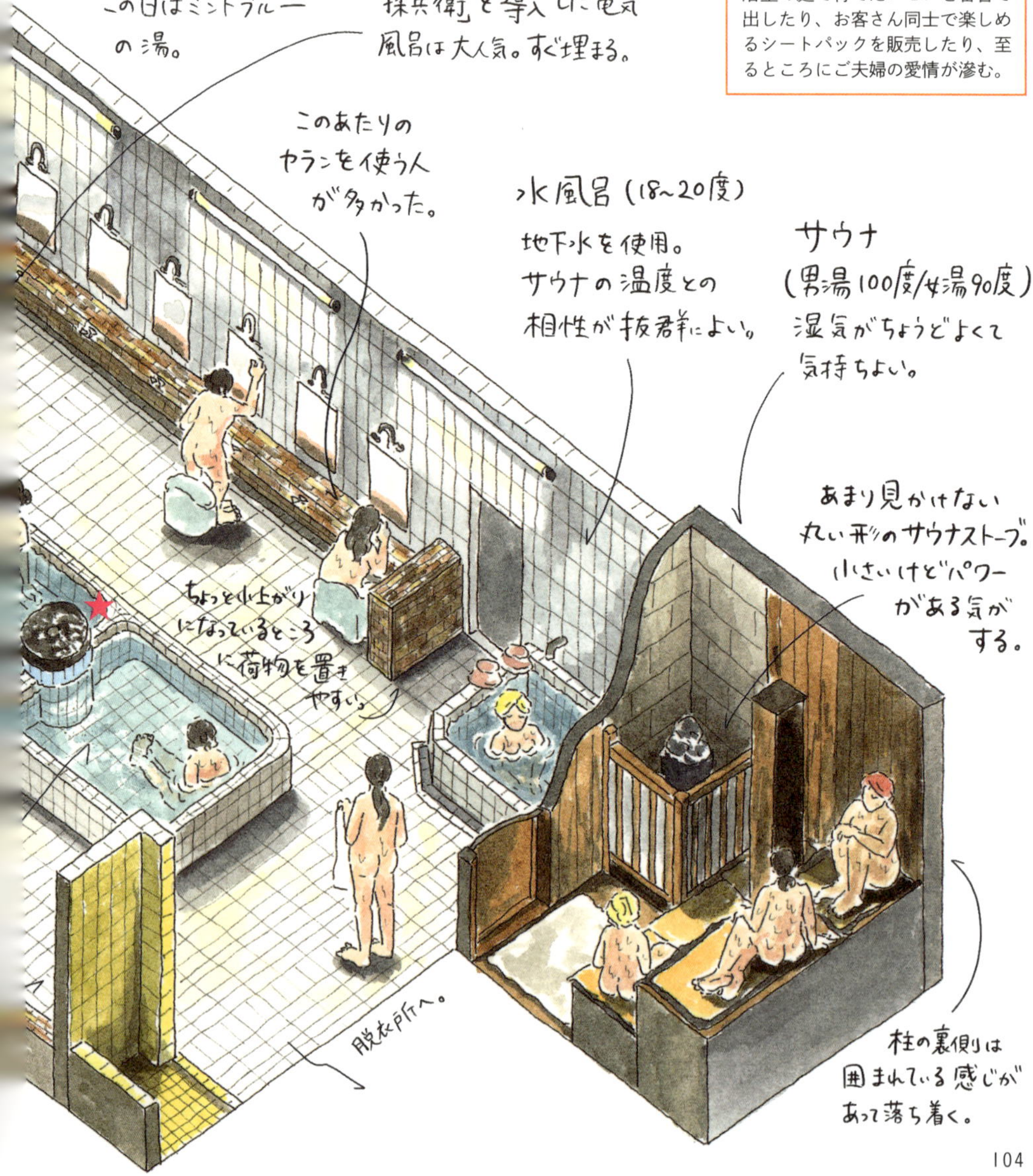

レモン、バナナ、パイナップル、ミラクルフルーツが育てられている庭。浴室の湿気と熱によって温室のような空間になっている。

薬湯（42度）

座る部分が丸くなっていて居心地がよい！

この日はミントブルーの湯。

電気風呂（約42度）

押す、もむ、たたくをローテで繰り返す電子マッサージ「揉兵衛」を導入した電気風呂は大人気。すぐ埋まる。

このあたりのカランを使う人が多かった。

水風呂（18~20度）

地下水を使用。サウナの温度との相性が抜群によい。

サウナ
（男湯100度/女湯90度）

湿気がちょうどよくて気持ちよい。

あまり見かけない丸い形のサウナストーブ。小さいけどパワーがある気がする。

ちょっと小上がりになっているところに荷物を置きやすい。

脱衣所へ。

柱の裏側は囲まれている感じがあって落ち着く。

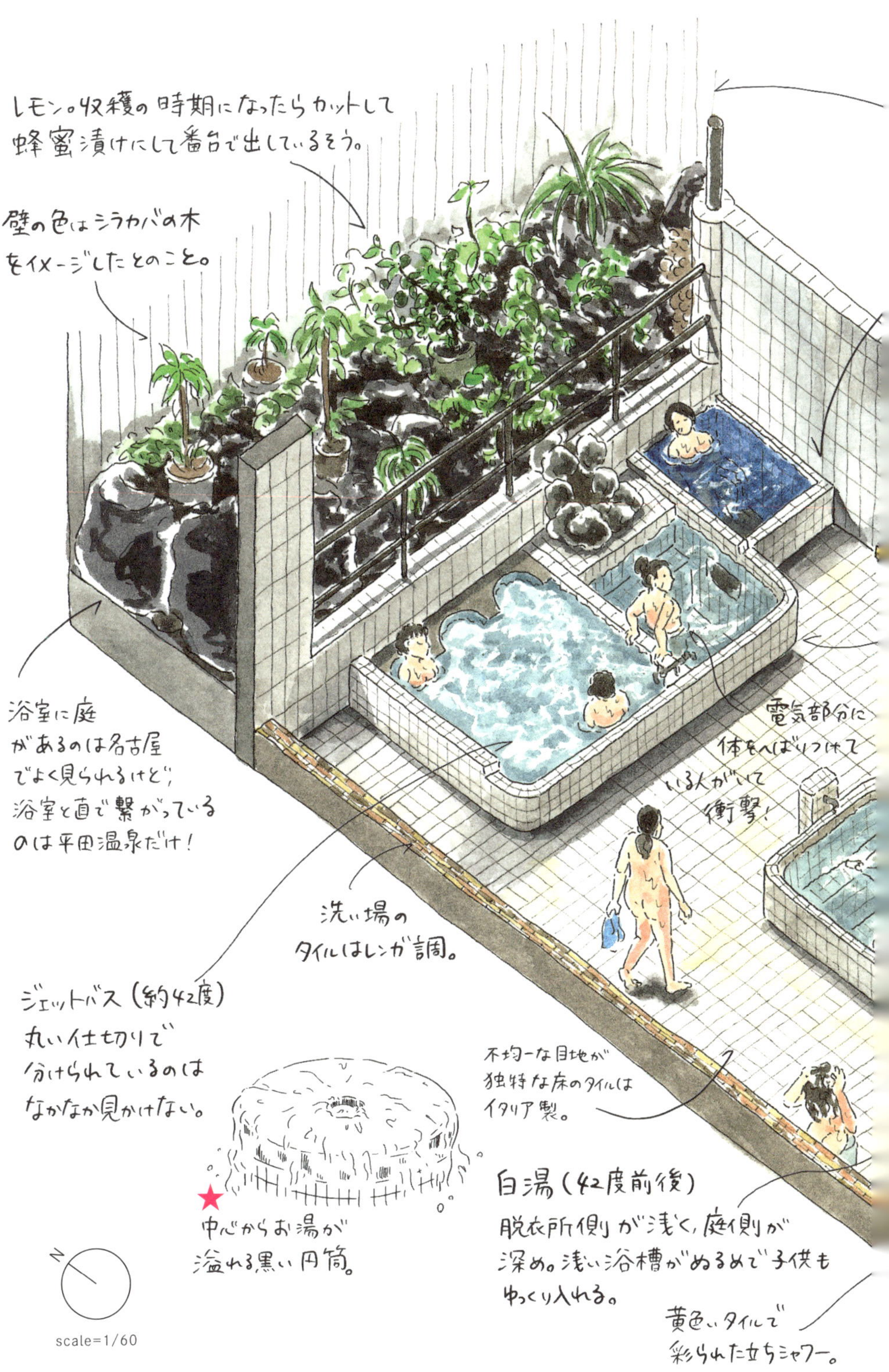
レモン。収穫の時期になったらカットして
蜂蜜漬けにして番台で出しているそう。
壁の色はシラカバの木
をイメージしたとのこと。
浴室に庭
があるのは名古屋
でよく見られるけど、
浴室と直で繋がっている
のは平田温泉だけ！
電気部分に
体をへばりつけて
いる人がいて
衝撃！
洗い場の
タイルはレンガ調。
ジェットバス（約42度）
丸い仕切りで
分けられているのは
なかなか見かけない。
不均一な目地が
独特な床のタイルは
イタリア製。
★中心からお湯が
溢れる黒い円筒。
白湯（42度前後）
脱衣所側が浅く、庭側が
深め。浅い浴槽がぬるめで子供も
ゆっくり入れる。
黄色いタイルで
彩られた立ちシャワー。
scale=1/60

愛情につかる銭湯

「うちは何もないけど愛情はたっぷりありますよ」。大阪で行った銭湯図解のライブペインティングを見にきてくれた、名古屋にある平田《へいでん》温泉の女将さんのその一言が印象的だった。名古屋からわざわざ新幹線に乗って来てくれたことに驚き、そんな情熱のある人が営む銭湯に何もないわけがないと遊びにきてしまった。平田温泉の出入り口にはゲートがあり、切妻形で中央に「ゆ」の文字がある可愛らしいネオンの看板が取り付けられている。

入り口から入ると愛知県浴場組合のTシャツを着たご夫婦が出迎えてくれた。女将さんとともに浴室へ。浴室には中央に浴槽があり、その奥にジェットバス、電気風呂、薬湯が並ぶ。そして東京で言えば富士山の壁画がある場所に、さまざまな植物とむき出しの岩が置かれる「庭」があった。

名古屋では浴室内に庭があるのは珍しくないそうだが、ガラスがなく直に庭と繋がっているのは平田温泉だけ。浴室の湿気と熱で温室のような状態になっているため、植わっているのは熱帯系の植物ばかりだ。「そこにレモンが植えてあるんですよ」と女将さんが指差した先にはまだ緑色で丸々としたレモンが。これが熟したら蜂蜜

に漬け、番台でお客さんに振る舞うそうだ。他にも、バナナやマンゴー、ミラクルフルーツなども植えられているそうで、よく見ると小さな置物もあって見飽きない。

取材の後は平田温泉のお風呂をたっぷり楽しみ、待合室へ。番台の上には色とりどりのアヒルや、切り売りの石鹸、柿ピー、「パンダ銭湯」のグッズなど所狭しと並べられている。よく見るとシートパックも売られていた。「一人でパックするのは恥ずかしいけど、売ってるのを皆でやったら恥ずかしくないのよ」。常連さんたちが脱衣所でパックをしながらおしゃべりしていることもあるとか。お風呂上がりに皆でパック、それだけで距離もぐっと縮まりそうだ。

近くの高校の養蜂場の蜂蜜を使ったというアイスを食べつつ、女将さんといろいろな話をした。月一でギャラリーをやったり、面白いモノづくりをしている人がいたらすぐに取り寄せて販売しちゃう。平田温泉のパンフレットに写る女の子は常連の子で、報酬はタマゴボーロ、という話など。話を聞けば聞くほど女将さんの人柄に親しみを覚え、平田温泉にはご夫婦の愛情が存分に注がれていることを実感した。別れ際には「また来てね」と声をかけてくださった。家の近くだったら毎日遊びに来るのに。名古屋の人が羨ましくなる銭湯だった。

21

会いに行きたくなる銭湯

徳島

昭和湯

女湯

今、最も注目されている地方銭湯。個性的なたぬきに埋めつくされた昭和湯は、意欲とアイデアに溢れ、ワクワク感に満ちた空間だ。

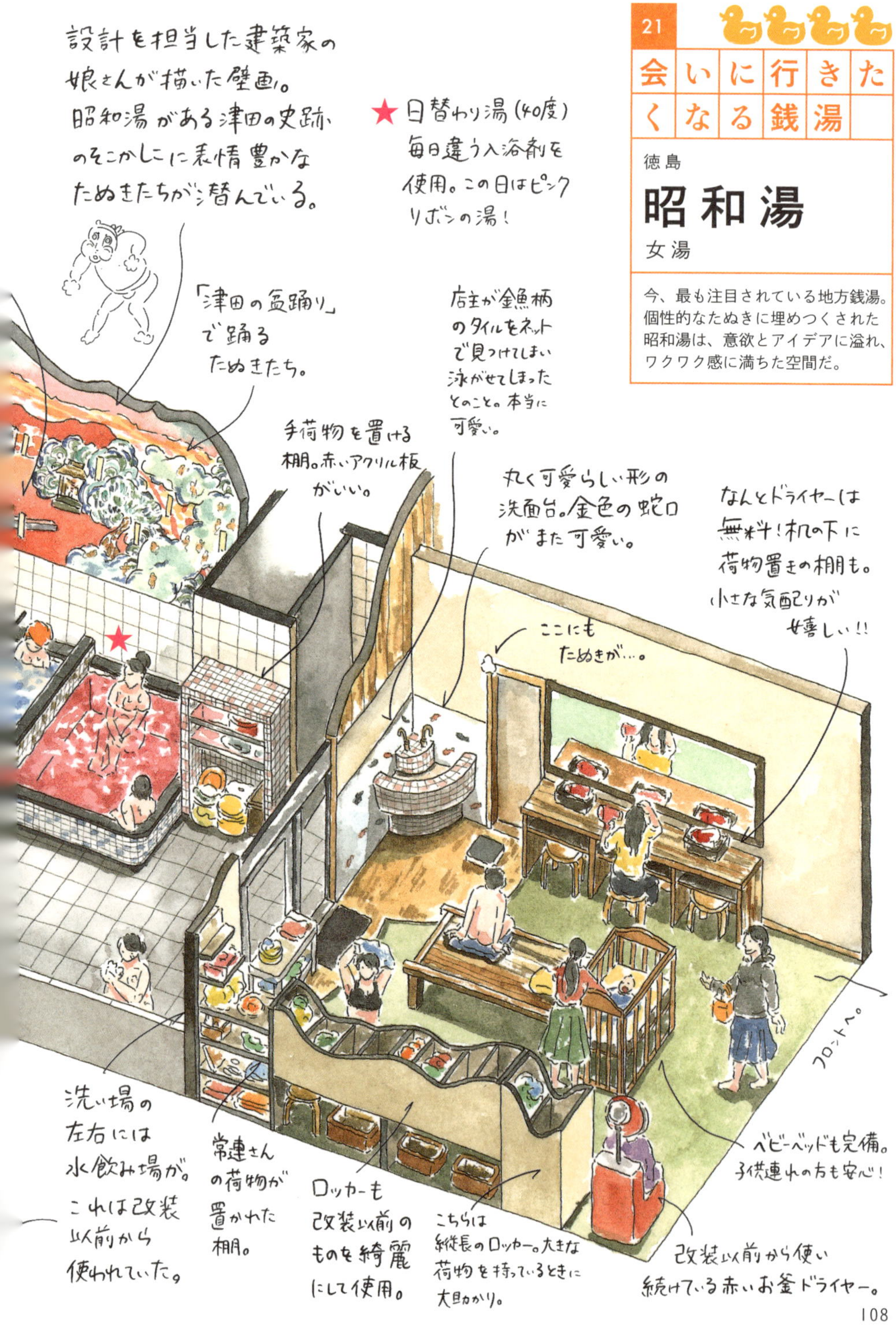

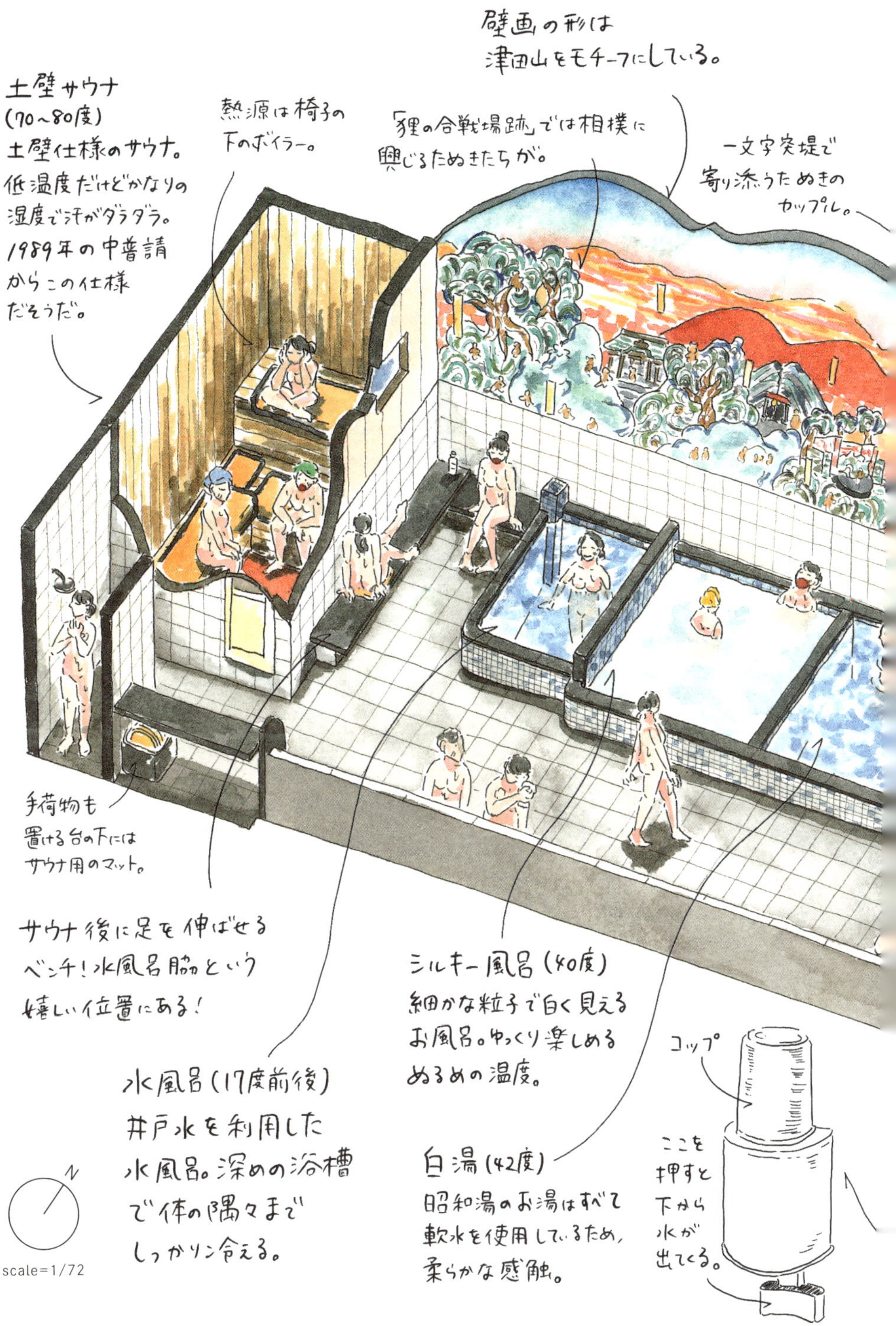

壁画の形は
津田山をモチーフにしている。
土壁サウナ
(70〜80度)
土壁仕様のサウナ。
低温度だけどかなりの
湿度で汗がダラダラ。
1989年の中普請
からこの仕様
だそうだ。
熱源は椅子の
下のボイラー。
「狸の合戦場跡」では相撲に
興じるたぬきたちが。
一文字突堤で
寄り添うたぬきの
カップル。
手荷物も
置ける台の下には
サウナ用のマット。
サウナ後に足を伸ばせる
ベンチ！水風呂脇という
嬉しい位置にある！
シルキー風呂(40度)
細かな粒子で白く見える
お風呂。ゆっくり楽しめる
ぬるめの温度。
コップ
水風呂(17度前後)
井戸水を利用した
水風呂。深めの浴槽
で体の隅々まで
しっかり冷える。
白湯(42度)
昭和湯のお湯はすべて
軟水を使用しているため、
柔らかな感触。
ここを
押すと
下から
水が
出てくる。
N
scale=1/72

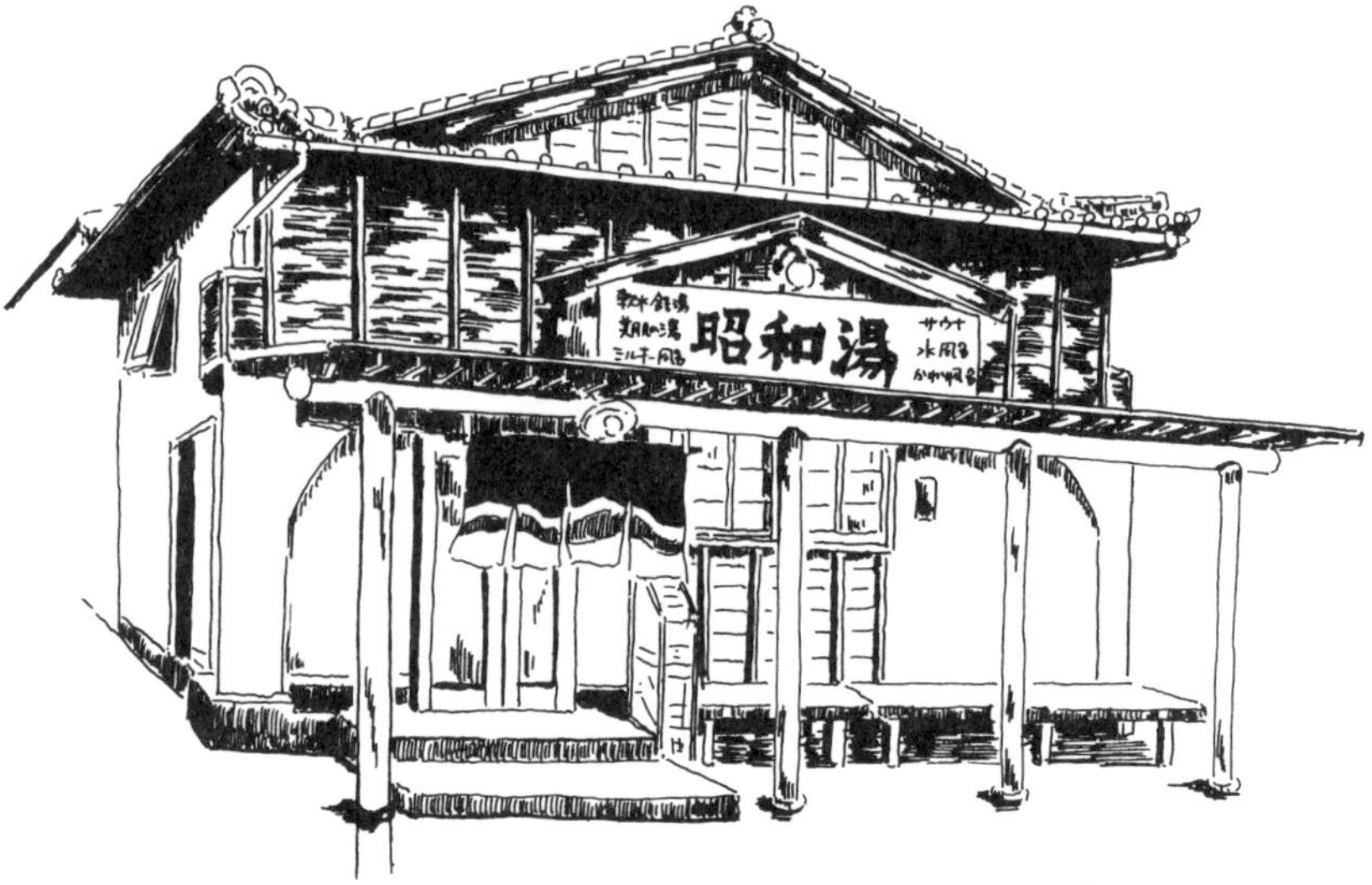

会いに行きたくなる銭湯

徳島市、昭和湯。二〇一八年八月に改装されたばかりで、地元の農家や雑貨屋とコラボしたイベントを行うなど意欲的な試みを続けている地方銭湯だ。ＳＮＳにも力を入れており、改装中には作り上げられていく姿を毎日更新していた。その投稿があまりに楽しげで、完成した折に、ぜひ昭和湯に会いたいと徳島に足を運んだのだ。

昭和湯は川と海に囲まれた漁師町・津田にあり、低層の住宅が並ぶやや蛇行した道沿いに佇んでいる。二重の切妻屋根は年季を感じさせる渋く変色した木だが、玄関と軒下は真新しく、カフェのような洗練されたデザインだ。中に入ると、高い天井の真ん中でファンが回る心地よい木目調の待合室が。フロントの脇にはたぬきのイラストが飾られていた。浴室は細長のつくりで、脱衣所を背にして右手に浴槽が四つ並び、左手にはカランがずらっと並んでいる。奥にはサウナ室があり、シンプルな構成だ。

そのなかで異彩を放つのは、男湯との仕切り壁に描かれる色彩豊かなペンキ絵。夕焼けに染まった山を背景に、穴観音、御台場、津田八幡など、この地域にちなんだ名所が描かれている。そしてあらゆる場所を舞台に小さなたぬきたちがさまざまな表情を浮かべて思

い思いの過ごし方をしている。相撲をとって吹っ飛ばされるたぬき、盆踊りを踊る着物姿のたぬき、大縄跳びに興じるたぬき……。お風呂に入りつつ隅から隅まで眺めてしまう。

現在、中心となって昭和湯を運営しているのは四代目の新田啓二さん。老朽化により、浴室のタイルを張り替えるタイミングで改装に着手した。若い人も入りやすい銭湯を作りたいという思いから地元の建築家である内野輝明さんに依頼をし、その建築家の娘で美大生の内野小春さんが壁画を担当した。徳島には「阿波狸合戦」という伝説があり、その合戦に登場する六右衛門狸の塒《ねぐら》が穴観音であったため、たぬきがキーワードとなり、今では昭和湯のマスコットキャラクターのようになったそうだ。

新田さんはさらに、この先の昭和湯についても語ってくれた。現在、昭和湯ではSNSを通して徳島でユニークな試みをされている方と繋がってさまざまなイベントを行っているが、これからもそうした取り組みを継続していきたいそうだ。そんな未来を語る新田さんの目はキラキラ輝いていた。数年後、昭和湯がさらにどのように変化しているかとても楽しみだ。もしかしたらさらに増殖したたぬきたちに埋もれているかもしれない。そんな未来を想像して思わず笑みがこぼれた。

22

実家みたいな銭湯

東京・大崎

金春湯

男湯＋待合室

エンジニアとして働きつつ、家族とともに金春湯を動かす次期経営者。そんな家族で作り上げる、優しさが滲む銭湯。

N
scale=1/72
白湯（41度）
白湯（42.5度）
背中を優しくほぐすジェットあり。
半円形の吐水口からお湯が溢れる。
水風呂（19度前後）
縁の高さがちょっと高め！縁に頭を預けてぼーっとすると指先まで水が染み渡る気持ちよさ。
サウナ（100度）
かなりの熱さで、フリクションペンで書いた取材メモが全部消えてしまった。照明が暗くテレビもないため、集中して自分の世界に入れる瞑想系サウナ。
シャンプー
ボディソープも完備。
漫画、雑誌など。
窓際の椅子がまたよい！のんびりできる。
脱衣所へ。
入り口脇に幾つかのフック。手荷物やサウナマット入りの袋をかけることができる。

実家みたいな銭湯

これまで五十軒以上の銭湯に取材を申し込んできた。初めは断られることもあったが、近頃は「塩谷さんに図解を描いてもらえるのが夢でした」と喜んでくださる方もいて驚いている。銭湯図解を描くことが銭湯経営者さんのやる気に繋がっている、と気づいたとき、身近で頑張っている人を応援する銭湯図解を描きたいと思い、知人である金春湯《こんぱるゆ》の角屋《かどや》さんに声をかけた。

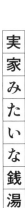

金春湯はJR大崎駅から徒歩八分のところにあるビル型の銭湯だ。インタビューに答えてくれたのは角屋文隆さん、三十三歳。金春湯を経営するご主人の息子で、エンジニアとして働きながら週末や平日の夜に店を手伝っている。角屋さんが金春湯に関わり始めたのは二〇一七年の夏。お母さんが怪我をし入院したことから仕事の合間に手伝うようになった。番台を通してお客さんとおしゃべりをすることに楽しさを覚え、よい仕事だなぁと感じたそうだ。

同世代の銭湯経営者がさまざまな新しい取り組みを行っていることを知り、「自分も金春湯で何かしたい」と思い、正月休みを利用して金春湯のホームページを開設するなど少しずつ家業に関わり始めた。「会社で何かやろうとしてもすぐには取りかかれないけど、

銭湯ではすぐできるしダイレクトな声も聞けるからすごく楽しい」。
店先に看板を置いたり、金春湯ステッカーを作ったりと、楽しんで実践する角屋さんの姿に家族も刺激を受け、イベントやグッズ販売などにも積極的になった。番台で販売しているサウナハットは家族みんなで作り、クラフトビールは飲食店で働く弟さんが仕入れを担当、金春湯Tシャツはお父さんと奥さんがイラストを描いたそうだ。角屋さんの「金春湯で何かしたい」という気持ちを汲み取り、家族みんなが自分ごととして金春湯を作り上げているようだ。

インタビューの後、金春湯のお風呂に入ってみた。ぬるめの湯に浸かりながらのんびり天井を見上げていると、居心地のよさを感じる。サウナ室は暗めの照明で落ちつく。サウナ利用の際にはサウナマットを渡されるのだが、可愛らしい柄物の小さな袋に入れられていてほっこりした。

お風呂上がりに畳敷きの待合室に立ち寄ると、若い人は畳に座ってクラフトビールを飲み、お年寄りは椅子に腰掛けて寛いでいた。浴室や待合室など、細かな部分からも感じられる金春湯の優しさは、角屋さんご家族が楽しんで作り上げたからこそ、滲み出てくる思いやりの表れなのだろう。まるで実家に来ているような優しさに満ちた金春湯を今後も応援していきたい。

おわりにかえて

母の背中に憧れて

『銭湯図解』、お楽しみいただけたでしょうか。思い起こしてみると、銭湯図解を描いたきっかけは中学時代に遡ります。その頃、私の母はインテリアコーディネーターの専門学校に通っていました。学校の課題として空想の住宅の内観パースを描く母の背中に憧れて、パースの描き方を教えてもらいました。はじめて描いた建物の絵は本当に拙いものですが、そのときに、建物を描くことの楽しさを知ったのです。

そうして建築に興味を持つようになり、早稲田大学の建築学科に入学しました。四年生になると、芸術的な視点から建築の研究を行う、入江正之先生の研究室に所属。卒業論文のテーマは地方都市を対象に町並みの色彩を研究するもので、研究地の風景のスケッチと、町の景色をつなげた三mの絵巻物を二つ制作しました。このとき町の方から「自分たちの町が全然違って見えて嬉しい」という声をいただき、私の絵を喜んでくれたことに感動して、「こんな絵を描くことを仕事にできたらなあ」と思ったのです。

大学院の最後の課題では、「設計と絵」をテーマに設計課題を発表しましたが、イラストを使った導入部分の評価は高かったものの、設計自体はまるでダメ。このとき、絵がどれだけ好きでも設計には一切結び付かないのだ、と強くショックを受けました。しかしそれなら、スケッチをたくさん描く建築家の下で修業を積んで、いつか設計と絵を結び付けられる建築家になればいいと思い、設計事務所に就職したのです。

早く一人前になって、大学院最後の課題評価を見返してやりたい。そんな思いから目の前の仕事に没頭していきました。一方で、大学時代から、設計課題に集中しすぎて体調を壊すことが多々ありました。このときも、同じように集中しすぎて、食事や睡眠など生活の基本を蔑《ないがし》ろにするようになったのです。そうして、働き始めて一年半が経ったとき、心身の負荷が限界を超えて、体にさまざまな不調が現れるようになりました。

罪悪感なく行ける唯一の場所

その時期には目眩《めまい》や耳鳴りが頻発し、朝起きると疲弊感が強く遅刻がちに。人と話していても頭が回らず、顔色は紫色でした。体調の悪さからケアレスミスが重なって強い自己嫌悪を感じるようになり、死ぬのも選択肢の一つと感じるほど精神状態も悪化していったのです。

あまりに体調が悪いため一週間の休養をもらい、病院に行ったところ、「機能性低血糖症」との診断がおりました。ストレスにより副腎機能が低下して血糖値をコントロールできない状況になっていたそうで、体調不良や抑鬱気分もその症状の一つとのこと。医師の診断で休養期間は三ヵ月に延長されて、仕事を引き継いで休職することになりました。

休職中は実家で休んでいましたが、会社に迷惑をかけていることや、家族に心配をかけていることに罪悪感を覚え、心はまったく休まらない日々。そんなとき、同じように休職していた友人と会うことになり、そこで銭湯の話が出ました。友人はちょうど銭湯通いにハマっており、一緒に行くことになったのです。

久々に銭湯を訪れてみると、昼間の光が差し込む大きなお風呂は本当に心地よく、同世代がいないことへの安心もあり、鬱状態だった私にはずっと被っていた硬い殻が溶かされていくような安らぎを感じました。そのことをかかりつけの医師に話してみると、「体を温めるのはいいと思いますよ」と銭湯通いをすすめられました。当時は休職していること自体に罪悪感があり、楽しいことをしてはダメという考えに縛られていたため、医師のお墨付きをもらったことで銭湯は罪悪感なく行ける唯一の場所に。また、家の近場にあり入浴料がワンコインということも、体力がなく、休職中でお金のない身には助かりました。

さらに、あつ湯と水風呂を繰り返す交互浴が私の体調にはぴったりで、繰り返すごとに血行がよくなって体は軽くなり、ネガティブだった心は前向きに。「銭湯に行くと調子がよくなる」、そう実感してからは、「今日はどこの銭湯に行こうかな」と毎日ウキウキするほど銭湯のことが大好きになっていきました。

はじめての銭湯図解

そして、あるとき友人と上野の寿湯に行った日のこと。寿湯は上野にある老舗の銭湯で、その日は上野公園をランニングしてから寿湯に行きました。

ランニングの後というのもあって、お湯につかると身も心もふやけるような気持ちよさ。定番の富士山の大きな絵を見ながら改めて銭湯っていいなあという思いを噛み締め、この気持ちよさと多幸感を誰かに伝えたい！　という思いに駆られました。この時期、ほかの友人とツイッター上で絵日記を交換する遊びを細々と続けていたため、この幸福感を銭湯に行ったことがない彼女にも伝えたいと思い、描いたのが、はじめての銭湯図解でした。

建築図法を用いた描き方をしたのは、建築学科の同期だった彼女にもわかりやすい表現を考えたからです。ツイッターに投稿したところ彼女は興味津々で「行ってみたいね」と返してく

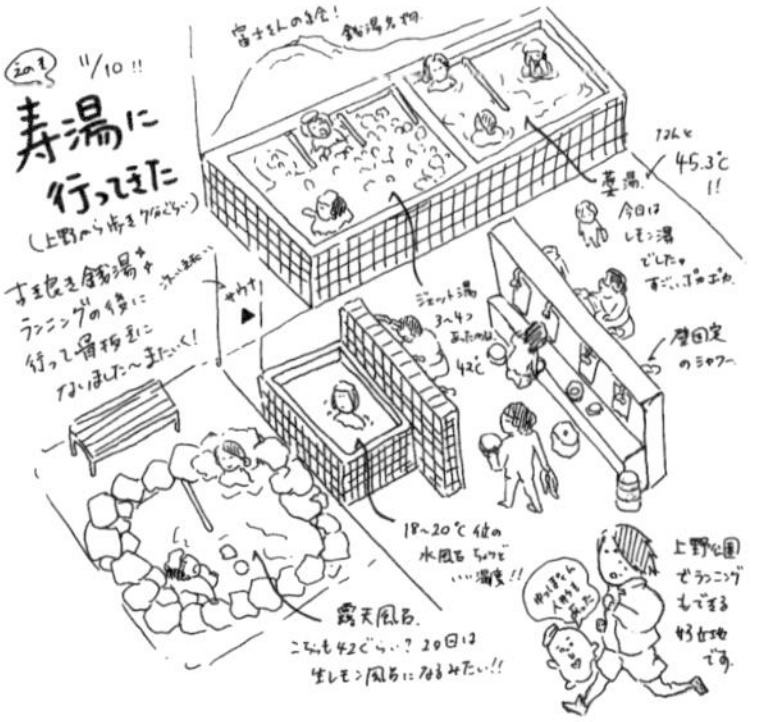

はじめて描いた銭湯図解

れ、さらには予想もしていなかったことに、彼女以外の人からもたくさんの反応がありました。

銭湯図解をツイッターに投稿するごとに多くの方から反応をいただくようになり、だんだんと自分の絵と、自分自身に対しても自信が持てるようになりました。七枚ほど描いたタイミングで、銭湯メディアの「東京銭湯」さんから図解を記事にしたいとの連絡が。記事が公開されるとさらに多くの反応があり、そうしたなかで小杉湯から「うちのパンフレットを描いて欲しい」という連絡があったのです。

銭湯への転職

声をかけてくれたのは小杉湯三代目の平松佑介さん。ハウスメーカーの営業として勤めた後にコンサルティング会社を仲間と立ち上げ、その後、家業である小杉湯の運営に加わりました。私に声をかけてくれたのは、ちょうどその頃でした。パンフレットの打ち合わせに行ったのですが、平松さんと話すうちに、パンフレットに限らず小杉湯に関わっていきたいと思い、その後は頻繁に小杉湯に通うようになりました。

やがて体調も大分回復し、設計事務所に復職しました。最初は時間を制限してゆっくりと働き始めたのですが、簡単な作業なのに集中力がまったく続かず、仕事終わりには呂律《ろれつ》が回らなくなるほど消耗してしまう日々。休職する前とはまるで違う体のようで、大きなショックを受けました。何日経っても一向に調子は戻らず、簡単な模型作業すらできないことを自覚したとき、「今の体調では建築業界で働くこと自体無理」と認めざるを得ませんでした。そんな状況を平松さんに相談したところ、「小杉湯で働いてみない？」と誘われたのです。

はじめは、銭湯に転職なんて絶対ありえないと思いました。中学時代から建築の仕事を夢見て勉強を続けてきたのに、銭湯に転職したらすべてが無駄になる。そう思ったものの、体調的に建築業界で働き続けることも難しく、銭湯を描くことをさらに続けたい、小杉湯でやっていくことに私も関わりたい……。深く悩みました。でも悩んでいても答えは出ず、友人十人に相談して、一人でも反対したら建築を続けようと思いました。

ところが、友人の答えは全員、「転職したほうがいい」。建築の仕事にはいつでも戻れるんだから好きなことをしたほうがいい、大学のときから絵を描くのが好きだったんだからその道を行ったほうがいい、そんな友人たちの言葉を聞いて、自分が絵を描くことをどれだけ大切にしていたのかを思い出しました。そして、卒業論文で描いた町の人たちの声も甦りました。そのときに感じた、「絵を描くことで見え方が変わる」「そこに携わっている人たちが喜んでくれる」こと――それが、銭湯図解を通して今自分がやろうとしていることだと気づいたのです。建築で培ってきたものを無駄にするのではなく、回り回って自分が建築でやりたいと思っていたことを銭湯という場で実現できるのではないか。そう思い、友人の言葉に背中を押されて転職を決意しました。

　そして二〇一七年三月に小杉湯に転職。今は小杉湯の近くに住んで、毎日銭湯に通いながら番頭として働いています。自分の環境は大きく変わりましたが、当初の「銭湯の魅力を伝えたい」という思いは変わっていません。

依頼されて描いたパンフレット表紙

　本書のために半年ほど取材と執筆に集中しましたが、これほど集中して絵を描き続けることははじめてでした。執筆期間中は、朝七時に起床して夜まで休みなく絵を描き続け、ヘロヘロの体で小杉湯に行って寝る日々。家で黙々と作業を続けていると、悪い考えや過去の嫌な記憶がフラッシュバックのように浮かんで精神がすり減ることもありました。しかし、絵が一枚できあがると、とても誇らしい気持ちになり、一秒でも早く次の絵に取りかかりたくて朝食をプロテインに切り替えたりと、絵を描く充足感も改めて実感しました。もう「絵を描くのは楽しい」と純粋には言えないですが、半年を経て、辛さもすべてひっくるめて絵を描く人生を引き受けたいと今は考えています。描く楽しさを知って建築を志し、絵と設計の狭間で苦悩して体を壊し、銭湯に出会って自分の絵を描き始め、本にまとめてようやく、描く人生を歩んでいくのだと覚悟を決められたように思います。

　この先も銭湯の活動を続けていきつつ、銭湯に限らずいろいろな絵も描きたいと考えています。卒業論文のときに描いたような町並みや、公衆サウナ、人物の絵など形を問わず、ずっと絵を描き続けていくことが今の願望です。次はどんな機会にお会いできるかまだわかりませんが、またどこかで見つけてくださいますと幸いです。

　最後までお読みくださり、ありがとうございました。

二〇一九年一月

塩谷歩波

23

はじめての銭湯図解

東京・東上野

寿湯

男湯

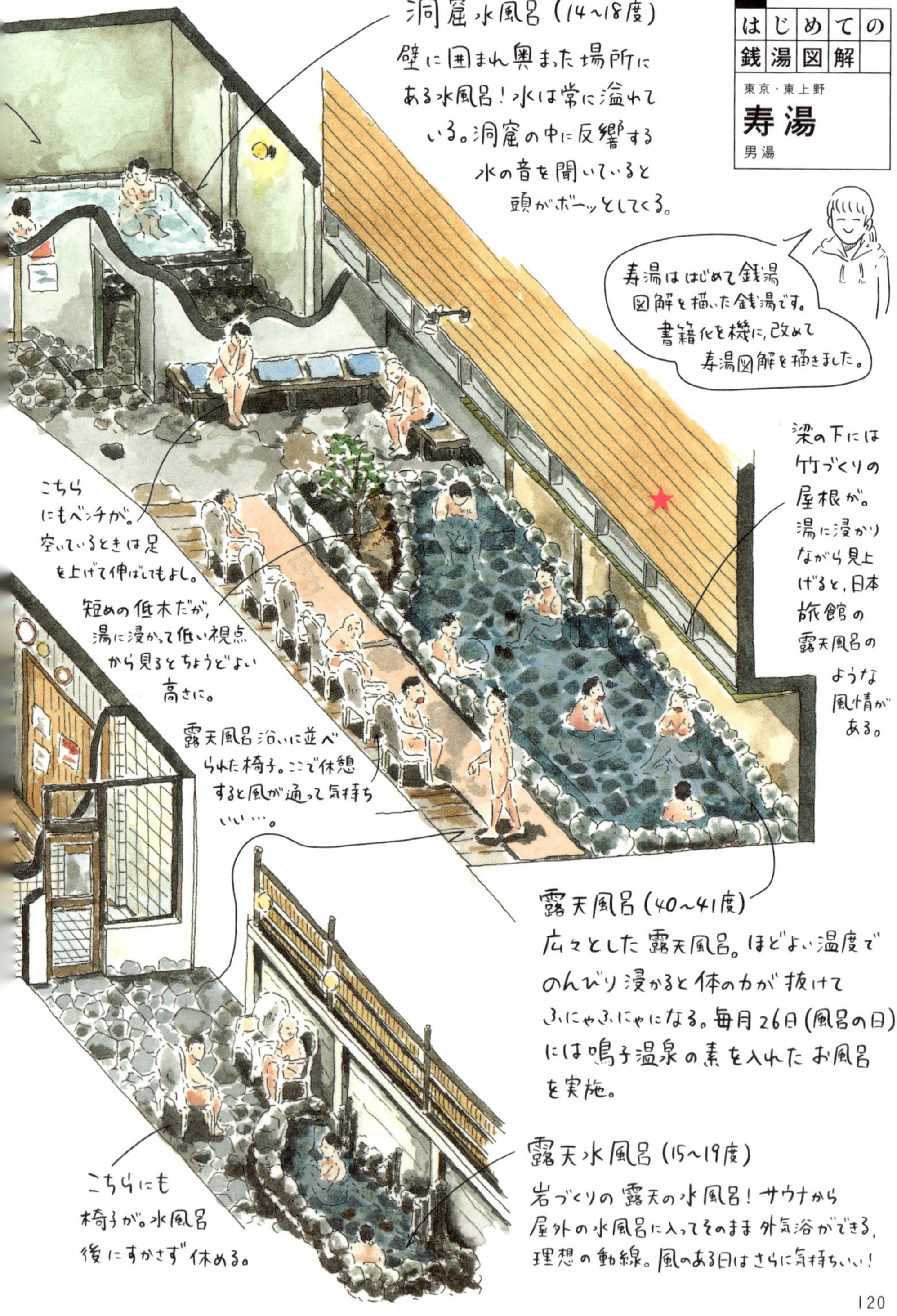

2018年3月に田中みずきさん
が描いた富士山の壁画。
ご主人が元プロボクサーだったことに
ちなんで右下にはボクサーが。
2019年にまた書き直す予定とのこと。
今後もしかしたらパンダが現れるかも…？

白湯（41〜42度）
のんびりできるちょうど
いい温度。コンパクトに
3種類のジェットバスが
収まっている。

水面が洞窟の中
で反射して綺麗。

塩サウナ（85度）
塩サウナにしては熱めの
設定。塩を揉み込んで、
少しいるだけで汗が
どんどん滲んでくる！

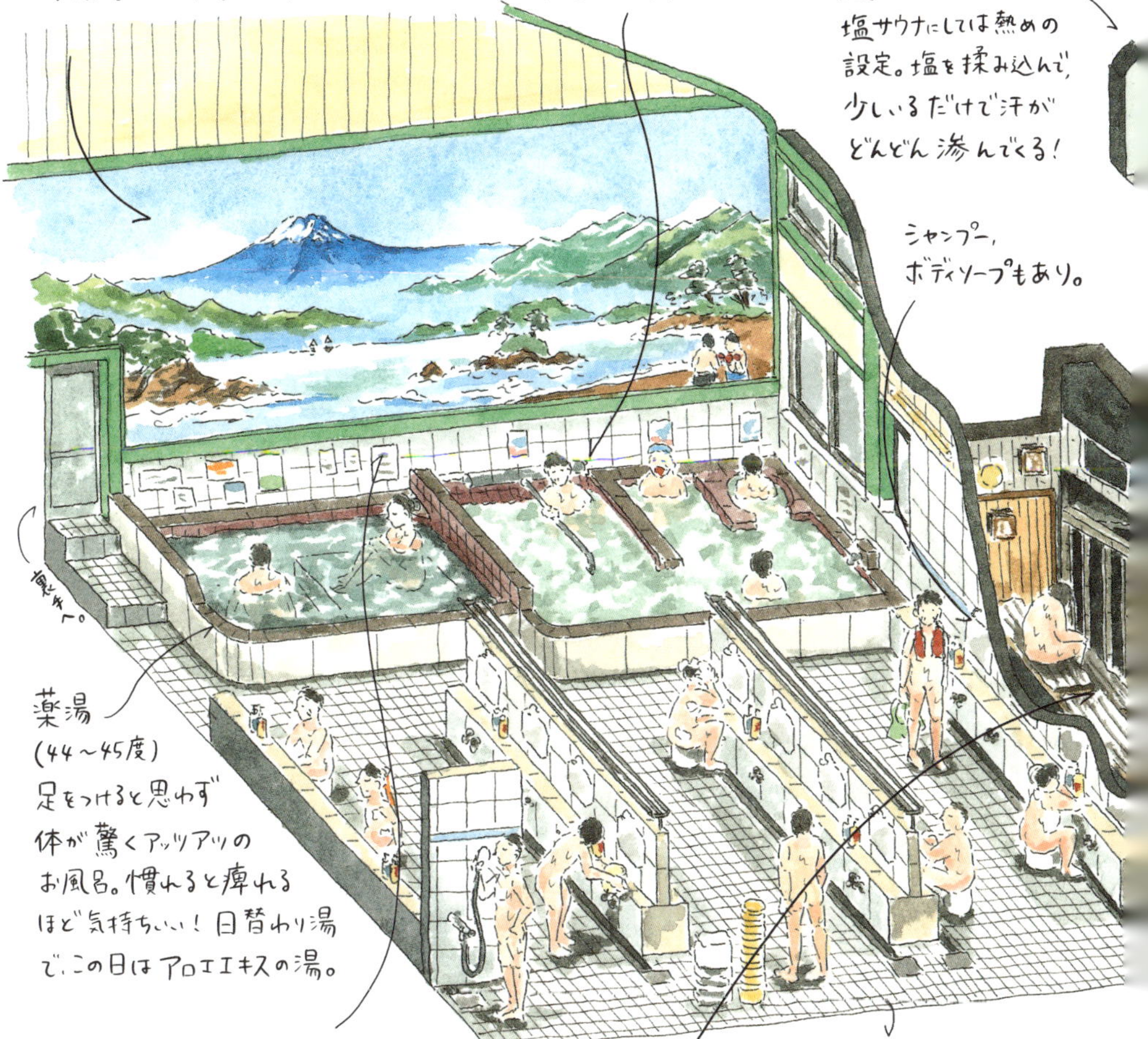

薬湯
（44〜45度）
足をつけると思わず
体が驚くアッツアッの
お風呂。慣れると痺れる
ほど気持ちいい！日替わり湯
で、この日はアロエエキスの湯。

脱衣所へ。

1カ月の薬湯の予定と、寿湯の
お知らせ、店主のひとことが
書かれた「寿湯だより」が。
思わずじっくり見てしまう。

サウナ
（女湯90度／男湯100度）
適度な湿度でガッツリ熱い！
男湯サウナは8人掛け。

★
驚きの広さの露天スペース！
昔は薪置き場だったスペース
を、2008年に露天風呂として
増築したそうだ。この広さ、
充実度はおそらく都内最大級。

N

scale=1/82

※特に記載のない場合（東京都）、大人の入浴料は460円です。
※本書掲載の情報は2019年１月現在のものです。入浴料などの価格は税込み表示です。本書の発売後、予告なく変更される場合があります。銭湯によっては、閉店時間前に入店を締め切る場合があります。ご利用前に各店舗へご確認ください。

12 ゆ家 和ごころ 吉の湯（東京・成田東）

★JR中央線「高円寺」駅よりバス「松ノ木住宅」下車５分

東京都杉並区成田東1-14-7　☎03-3315-1766
営業時間　13:30-22:00　定休日　月曜
http://yoshinoyu.sakura.ne.jp/
♨サウナ使用入浴料　850円（入浴料別の場合は430円）

13 サウナの梅湯（京都）

★JR「京都」駅より徒歩15分／京阪本線「七条」駅より徒歩７分

京都府京都市下京区岩滝町175　☎080-2523-0626
営業時間　14:00-26:00（土日は朝風呂6:00-12:00あり）　定休日　木曜
Twitter　@umeyu_rakuen
♨入浴料（大人）430円／サウナ無料

14 昭和レトロ銭湯 一乃湯（三重・伊賀）

★伊賀線「茅町」駅より徒歩７分

三重県伊賀市上野西日南町1762
☎0595-21-1126
営業時間　15:00-23:00
定休日　木曜
http://ichinoyuiga.com/
♨入浴料（大人）400円

15 薬師湯（東京・墨田）

★東武伊勢崎線「とうきょうスカイツリー」駅より徒歩２分

東京都墨田区向島3-46-10　☎03-3622-1545
営業時間　15:30-26:00
定休日　水曜（祝日の場合は火曜）
http://yakushiyu.com/
♨サウナ使用料　200円

16 蒲田温泉（東京・蒲田）

★JR京浜東北線「蒲田」駅よりバス「蒲田本町」下車１分

東京都大田区蒲田本町2-23-2
☎03-3732-1126
営業時間　10:00-25:00　定休日　年中無休
http://kamataonsen.on.coocan.jp/
♨サウナ無料

17 境南浴場（東京・武蔵境）

★JR中央線「武蔵境」駅より徒歩５分

東京都武蔵野市境南町3-11-8
☎0422-31-7347
営業時間　16:00-24:00
定休日　金曜
♨サウナ使用入浴料　660円

18 大黒湯（東京・代々木上原）

★小田急線など「代々木上原」駅より徒歩３分

東京都渋谷区西原3-24-5
☎03-3485-1701
営業時間　15:00-25:30（日曜は12:00-）
定休日　第１、第３水曜
♨サウナ使用入浴料　760円

19 クアパレス（千葉・習志野）

★新京成電鉄「習志野」駅より徒歩５分

千葉県船橋市薬円台4-20-9
☎047-466-3313
営業時間　15:00-24:30（土日祝は14:00-）
定休日　年中無休
♨入浴料（大人）430円／サウナ使用入浴料　620円

20 平田温泉（愛知・名古屋）

★地下鉄「高岳」駅または「新栄町」駅より徒歩12分

愛知県名古屋市東区相生町38
☎052-931-4009
営業時間　15:00-22:45
定休日　火曜
https://ameblo.jp/heiden-onsen/
♨入浴料（大人）420円／サウナ使用料　100円

21 昭和湯（徳島）

★バス「津田松原」下車５分

徳島県徳島市津田本町3-3-23
☎088-662-0379
営業時間　14:00-22:30
定休日　３・13・23日
Twitter @1010showayu
♨入浴料（大人）400円／サウナ無料

22 金春湯（東京・大崎）

★JR「大崎」駅より徒歩８分

東京都品川区大崎3-18-8
☎03-3492-4150
営業時間　15:30-24:00
定休日　月曜（祝日の場合は翌火曜）
https://kom-pal.com/
♨サウナ使用料　300円

23 寿湯（東京・東上野）

★東京メトロ銀座線「稲荷町」駅より徒歩２分／JR「上野」駅より徒歩12分

東京都台東区東上野5-4-17
☎03-3844-8886
営業時間　11:00-25:30　定休日　第３木曜
http://www7.plala.or.jp/iiyudana/
♨サウナ使用料　200円

SENTO LIST

00 小杉湯（東京・高円寺）
★JR中央線「高円寺」駅より徒歩５分
東京都杉並区高円寺北3-32-2
☎ 03-3337-6198
営業時間　15:30-25:45
定休日　木曜
http://kosugiyu.co.jp/

01 大黒湯（東京・北千住）
★東京メトロ日比谷線など「北千住」駅よりバス「千住４丁目」下車４分
東京都足立区千住寿町32-6　☎ 03-3881-3001
営業時間　15:00-23:30　定休日　月曜（祝日の場合は翌火曜、月に１回連休）
http://adachi1010.tokyo/member/daikokuyu/
♨ サウナ使用入浴料　860円

02 梅の湯（東京・荒川）
★都電荒川線「小台」駅より徒歩７分
東京都荒川区西尾久4-13-2
☎ 03-3893-1695
営業時間　15:00-25:00
定休日　月曜
Twitter　@1010_umenoyu
♨ サウナ無料

03 日暮里　斉藤湯（東京・日暮里）
★JR山手線「日暮里」駅より徒歩３分
東京都荒川区東日暮里6-59-2
☎ 03-3801-4022
営業時間　14:00-23:30
定休日　金曜
http://saito-yu.com/

04 ひだまりの泉　萩の湯（東京・鶯谷）
★JR「鶯谷」駅より徒歩３分
東京都台東区根岸2-13-13
☎ 03-3872-7669
営業時間　6:00-9:00／11:00-25:00
定休日　第３火曜
http://haginoyu.jp/
♨ サウナ使用料　平日120円・土日祝日170円

05 戸越銀座温泉（東京・戸越銀座）
★都営浅草線「戸越」駅より徒歩３分／東急池上線「戸越銀座」駅より徒歩５分
東京都品川区戸越2-1-6　☎ 03-3782-7400
営業時間　15:00-25:00（日祝は朝湯8:00-12:00あり）　定休日　金曜
http://togoshiginzaonsen.com/
♨ サウナ使用入浴料　750円

06 大黒湯（東京・押上）
★東京メトロ半蔵門線など「押上」駅より徒歩６分／JR総武線「錦糸町」駅より徒歩12分
東京都墨田区横川3-12-14　☎ 03-3622-6698
営業時間　平日15:00-翌10:00（土曜14:00-／日曜13:00-）　定休日　火曜（祝日の場合は翌水曜）
http://www.daikokuyu.com/
♨ サウナ使用料　200円

07 喜楽湯（埼玉・川口）
★JR京浜東北線「川口」駅または「西川口」駅より徒歩12分
埼玉県川口市川口5-21-6　☎ 048-258-7689
営業時間　15:00-23:00（土日は朝風呂8:00-12:00あり）　定休日　第４月曜
https://tokyosento.com/kawaguchi_kirakuyu/
♨ 入浴料（大人）430円／サウナ無料

08 大蔵湯（東京・町田）
★JR横浜線「古淵」駅より徒歩10分／小田急線など「町田」駅よりバス「滝の沢」下車３分
東京都町田市木曽町522
☎ 042-723-5664
営業時間　14:00-23:00　定休日　金曜
http://www.ookurayu.com/
♨ サウナ使用入浴料　700円

09 天然温泉　久松湯（東京・練馬）
★西武池袋線「桜台」駅より徒歩５分
東京都練馬区桜台4-32-15
☎ 03-3991-5092
営業時間　11:00-23:00
定休日　火曜
http://hisamatsuyu.jp/
♨ サウナ使用料　400円

10 桜館（東京・蒲田）
★東急池上線「池上」駅より徒歩６分
東京都大田区池上6-35-5
☎ 03-3754-2637
営業時間　平日12:00-25:00（土日祝日は10:00-）
定休日　年中無休
http://sakurakan.biz/
♨ サウナ使用料　100円

11 天然温泉　湯どんぶり栄湯（東京・浅草）
★東京メトロ日比谷線「三ノ輪」駅より徒歩10分
東京都台東区日本堤1-4-5
☎ 03-3875-2885
営業時間　14:00-24:00（日祝日は12:00-）
定休日　水曜
http://sakaeyu.com/
♨ サウナ使用料　200円

小杉湯
WELCOME
to
小杉湯
15:30~1:45
(最終入場1:30)
木曜定休日
大人 460円
中人(小学生) 180円
小人 80円
レンタル
タオル 無料
バスタオル 40円
リンスイン
シャンプー
ボディソープ
あります!!
手ぶらで
どうぞ!!
100円を用意

Special Thanks

取材にご協力くださった各銭湯のみなさま

「銭湯再興プロジェクト」メンバー

「銭湯ぐらし」メンバー

「風呂敷畳み人」のお二方

小杉湯のみなさん

小杉湯のお客さま

支えてくれた友だち

フォロワーのみなさま

銭《せん》湯《とう》図《ず》解《かい》

2019年2月25日　初版発行
2025年6月5日　5版発行

著　者　塩《えん》谷《や》歩《ほ》波《なみ》

発行者　安部順一

発行所　中央公論新社

〒100-8152　東京都千代田区大手町1-7-1
電話　販売　03-5299-1730　編集　03-5299-1740
URL https://www.chuko.co.jp/

撮　影　アベトモユキ
装　幀　中央公論新社デザイン室
ＤＴＰ　市川真樹子

印　刷　DNP出版プロダクツ
製　本　大口製本印刷

Published by CHUOKORON-SHINSHA, INC.
Printed in Japan　ISBN978-4-12-005169-2 C0095

定価はカバーに表示してあります。落丁本・乱丁本はお手数ですが小社販売部宛お送りください。送料小社負担にてお取り替えいたします。

「銭湯図解」Official Website のご案内

https://sentozukai.jp/

本書に掲載されている各銭湯の取材写真等を
公式ＨＰに掲載しています。
ぜひご覧ください！

熊澤次郎

先《せん》思《し》後《ご》動《どう》

——あなたのお役に立ちます

JDC